Deutschsprachige Bücher von Frithjof Schuon

Philosophische Werke

Leitgedanken zur Urbesinnung. Zürich 1935; Freiburg 1989, 2009

Das Ewige im Vergänglichen. Weilheim 1970; München 1984

Von der inneren Einheit der Religionen. Interlaken 1981; Freiburg 2007

Den Islam verstehen. München 1988, 1991, 2002. Freiburg 1993

Schätze des Buddhismus. Norderstedt 2007

Esoterik als Grundsatz und als Weg. Hamburg 2012

Metaphysik und Esoterik im Überblick. Hamburg 2012

Logik und Transzendenz. Hamburg 2013

Geistige Sichtweisen und menschliche Tatsachen. Hamburg 2013

Wurzeln des Menschseins. Hamburg 2014

Gnosis – Göttliche Weisheit. Hamburg 2015

Vom Göttlichen zum Menschlichen. Hamburg 2015

Form und Gehalt in den Religionen. Hamburg 2017

Gedichte

Sulamith. Bern 1947

Tage- und Nächtebuch. Bern 1947

Glück. Freiburg 1997

Leben. Freiburg 1997

Liebe. Freiburg 1997

Sinn. Freiburg 1997

Perlen des Pilgers. Düsseldorf 2000

Sinngedichte. Bd. 1 – 10. Sottens 2001 – 2005

Frithjof Schuon

Das Spiel der Masken

Übersetzt, mit Anmerkungen und einem Glossar versehen von

Wolf Burbat

WEISHEIT DER WELT

© World Wisdom Books

Titel des französischen Originales: *Le Jeu des Masques*. Lausanne, L'Âge d'Homme, 1992

Aus dem Französischen übersetzt, mit Anmerkungen und einem Glossar versehen von Wolf Burbat

Umschlagbild: Aus dem frühen 19. Jahrhundert stammender Wandbehang aus Nathdwara (Rajasthan), der den Tanz der Gopîs mit Krishna darstellt.

WEISHEIT DER WELT ist das deutschsprachige Imprint von

World Wisdom, Inc.,
P.O. Box 2682, Bloomington, Indiana 47402-2682
www.worldwisdom.com

Verlag: tredition GmbH

ISBN   978-3-7469-2283-6 (Paperback)

978-3-7469-2282-9 (e-Book)

Printed in Germany

www.tredition.de

Bibliografische Information der Deutschen Nationalbibliothek:
Die Deutsche Nationalbibliothek verzeichnet diese Publikation in der Deutschen Nationalbibliografie; detaillierte bibliografische Daten sind im Internet über http://dnb.d-nb.de abrufbar.

Inhalt

Vorbemerkung des Übersetzers

Wir freuen uns, mit diesem Buch die neunte einer Reihe von geplanten Übersetzungen von Werken Frithjof Schuons in deutscher Sprache vorlegen zu können. Der in Deutschland noch wenig bekannte Schuon (1907–1998) wird in weiten Teilen der Welt als einer der bedeutendsten religionsphilosophischen Schriftsteller des 20. Jahrhunderts angesehen. Er besaß einen außerordentlichen Überblick über die religiösen Überlieferungen der Menschheit, konnte die Vielfalt der Erscheinungen bis in ihre Tiefe durchdringen und seine Erkenntnisse in meisterhafter, oft dichterischer Sprache ausdrücken. Er gilt als führender Vertreter jener Denkrichtung, die *Sophia perennis*, *Philosophia perennis* oder *Religio perennis* – also immerwährende Weisheit, immerwährende Philosophie oder immerwährende Religion – genannt wird, welche die zeitlosen und überall gültigen Grundsätze enthält, die den verschiedenen Lehren, den Sinnbildern, der heiligen Kunst und den geistigen Übungen der Weltreligionen zugrundeliegen.

Die französische Originalausgabe des vorliegenden Buches erschien 1992 unter dem Titel *Le Jeu des Masques*; im gleichen Jahr wurde unter dem Titel *The Play of Masks* eine Übersetzung ins Englische veröffentlicht. Das Buch ist das vorletzte von Schuon veröffentlichte philosophische Werk.

Wie fast alle Bücher dieses Verfassers ist auch das vorliegende aus einzelnen Aufsätzen hervorgegangen, die zuerst in Zeitschriften – meist den *Études Traditionnelles* oder den *Studies in Comparative Religion* – erschienen und später zu Büchern zusammengefasst wurden. *Das Spiel der Masken* ist zunächst der Titel eines Kapitels, in dem es um den inneren und äußeren Menschen geht, in dem Sinne, wie etwa Meister Eckhart diese Begriffe verwendet. Wenn der Verfasser das ganze Buch mit dieser Überschrift versieht, passt das, wie er selbst in seinem Vorwort schreibt, gut zu einer »Argumentationsweise, die dieselben grundlegenden Lehrsätze unter verschiedenen Gesichtspunkten vorlegt«. Man könnte auch sagen, dass die Maske in ähnlicher Weise das innere Wesen des Menschen verhüllt, aber möglicherweise auch darstellt, wie dies *Mâyâ*, die kosmische und metakosmische »Täuschung«, mit *Âtmâ*, dem göttlichen Selbst, tut.

Ausgehend von metaphysischen Grundsätzen wendet der Verfasser sie in diesem Buch besonders auf die Frage an: Was ist der Mensch? Ein Kernsatz lautet: »Der vollständige und ursprüngliche Mensch ist der Intellekt und das Bewusstsein des Absoluten« (Kap. 1). Aus der so gewonnenen Wesensbestimmung des Menschen ergeben sich die Aufgaben für ein Leben, das diesem Wesen entspricht.

Wenn für Schuon in der Wesensbestimmung des Menschen der Begriff »Intellekt« von zentraler Bedeutung ist, so muss darauf hingewiesen werden, dass er – in der Tradition von Denkern der *Sophia perennis* wie Platon, Shankara, Ibn 'Arabî und Meister Eckhart – dieses Wort im Sinne des »reinen Geistes« verwendet, der zur unmittelbaren Schau, zur »Einsicht« fähig ist. Der Intellekt enthält in seiner Spitze das Göttliche im Menschen, mit den von Schuon immer wieder angeführten Worten Meister Eckharts: *Aliquid quod est increatum et increabile ... et hoc est intellectus* (»etwas, was unerschaffen und unerschaffbar ist ... und das ist der Intellekt«). Bedeutsam ist hier, dass der Intellekt als göttlich angesehen wird, er ist überpersönlich und überrational; er darf nicht mit dem Verstand verwechselt werden; er gehört nicht dem einzelnen Menschen, vielmehr hat dieser grundsätzlich Zugang zu ihm.

Obwohl Deutsch seine erste Muttersprache war, hat Schuon seine metaphysischen Werke auf Französisch verfasst, einer Sprache, die sich aufgrund ihres lateinischen Ursprungs und ihres unzweideutigen Wortschatzes hierfür besonders gut eignet. Schuon liebte die deutsche Sprache sehr und bestand darauf, sie weitgehend von Fremdwörtern freizuhalten. Dem haben wir in der vorliegenden Übersetzung Rechnung zu tragen versucht; so wird der Leser einige mittlerweile selten gewordene Wörter wie »Geistigkeit« statt »Spiritualität«, »Anblick« oder »Gesichtspunkt« statt »Aspekt«, »Sammlung« statt »Konzentration« und dergleichen mehr finden. Als Muster hat uns hierbei Schuons eigene Übertragung seines ersten Hauptwerkes *De l'unité transcendante des religions* (1948) ins Deutsche gedient.[1]

Andererseits war es unumgänglich, eine Reihe von Fremdwörtern zu benutzen, seien es philosophische Fachausdrücke oder Begriffe aus einer Vielzahl von Überlieferungen; diese Begriffe aus dem Sanskrit, dem Griechischen, dem Lateinischen und dem Arabischen wurden in einem Glossar im Anhang des Buches zusammengestellt, übersetzt und erklärt.

Weiterhin haben wir im Anhang nach Seitenzahl geordnete »Anmerkungen des Übersetzers« zusammengestellt, in denen Textstellen erläutert werden, die auf überlieferte theologische Lehren, wichtige Philosophen oder geistige Meister sowie heilige Schriften der Weltreligionen anspielen.

---

1 Deutsch: Von der inneren Einheit der Religionen. Freiburg i. Br. 2007.

Vorwort

Wie die meisten unserer Werke ist auch dieses Buch nicht einem scharf umgrenzten Gegenstand gewidmet, sondern ist eher ein Überblick; die Kapitel sind kleine unabhängige Abhandlungen, die oftmals die gesamte Lehre zusammenfassen. Der dritte Aufsatz dieser Sammlung hat dem ganzen Buch seinen Namen verliehen; zufälligerweise passt diese Überschrift gut zu einer Argumentationsweise, die dieselben grundlegenden Lehrsätze unter verschiedenen Gesichtspunkten vorlegt und sie dabei um der Klarheit und der Vollständigkeit willen wiederholt.

Ohne Zweifel zielt die Metaphysik in erster Linie auf das Verständnis des gesamten Alls ab, das sich von der göttlichen Ordnung bis zu den irdischen Bedingtheiten erstreckt – dies ist die Wechselbeziehung von *Âtmâ* und *Mâyâ* –, sie erschließt aber darüber hinaus Bereiche, die intellektuell weniger anspruchsvoll, dafür aber für den Menschen von entscheidender Bedeutung sind; dies ist umso wichtiger, als wir in einer Welt leben, in der der Missbrauch der Intelligenz die Weisheit ersetzt.

Selbst wenn unsere Schriften im Durchschnitt zu nichts anderem führten, als dass für einige wenige jenes erlösende Boot wiederhergestellt würde, welches das Gebet ist, würden wir es Gott verdanken, uns hierdurch als zutiefst zufriedengestellt zu betrachten.

Vorrechte des menschlichen Zustandes

Umfassendes Erkenntnisvermögen, freier Wille, zur Uneigennützigkeit fähiges Gefühl: Dies sind die Vorrechte, die den Menschen auf den Gipfel der irdischen Geschöpfe stellen. Da es umfassend ist, nimmt das Erkenntnisvermögen Kenntnis von allem, was ist, in der Welt der Grundsätze ebenso wie in der der Erscheinungen; da er frei ist, vermag der Wille sogar das zu wählen, was seinem unmittelbaren Vorteil oder dem Angenehmen entgegensteht; da es uneigennützig ist, ist das Gefühl in der Lage, sich von außen zu betrachten und auch, sich an die Stelle anderer zu versetzen. Jeder Mensch kann das grundsätzlich, während das Tier das nicht kann, was den Einwand ausräumt, dass nicht alle Menschen demütig und wohltätig seien; freilich schwächen die Auswirkungen des »Sündenfalls« die Vorrechte der menschlichen Natur ab, sie können sie aber nicht abschaffen, ohne den Menschen selbst abzuschaffen. Zu sagen, der Mensch sei mit einem zur Objektivität fähigen Gefühl ausgestattet, bedeutet, dass er eine Subjektivität besitzt, die nicht in sich verschlossen ist, sondern offen für die anderen und für den Himmel; tatsächlich kann sich jeder normale Mensch in einer Lage befinden, in der er spontan die menschliche Fähigkeit zum Mitgefühl oder zur Großherzigkeit bekunden wird, und jeder Mensch ist in seinem Kern mit dem ausgestattet, was wir den »religiösen Instinkt« nennen könnten.

Umfassendes Erkenntnisvermögen, freier Wille, uneigennütziges Gefühl und folglich Erkennen des Wahren, Wollen des Guten, Lieben des Schönen. »Waagerecht« betrifft die Wahrheit die kosmische und damit die erscheinungshafte Ordnung; »senkrecht« betrifft sie die metaphysische Ordnung und damit die der Grundsätze. Und genauso für das Gute: Einerseits ist es praktisch, nebensächlich, bedingt; andererseits ist es geistig, wesentlich, unbedingt. Dasselbe nochmals für die Schönheit, die auf den ersten Blick äußerlich ist, und dann ist sie die schöne Beschaffenheit, die der unberührten Natur, der Geschöpfe, der heiligen Kunst, des überlieferten Handwerks; sie ist aber erst recht innerlich, und dann ist sie die sittliche Güte, der Adel des Charakters. Gemäß einem islamischen Satz »ist Gott schön, und er liebt die Schönheit«; dies schließt ein, dass Gott uns einlädt, an seiner Natur – am Höchsten Gut – teilzuhaben durch die Tugend, im Zusammenhang mit der Wahrheit und dem Weg.

Idealerweise, maßgebend und berufungsmäßig, ist der Mensch Erkenntnisvermögen, Kraft und Tugend; nun ist es wichtig, die Tugend in zweierlei Hinsicht zu betrachten, einer »irdischen« und einer »himmlischen«. Auf die Gemeinschaft bezogen verlangt sie Demut und Mitgefühl; geistig besteht sie aus Furcht und Liebe Gottes. Furcht bringt die Ergebung in den göttlichen Willen mit sich; Liebe bringt das Vertrauen auf das göttliche Erbarmen mit sich.

Was Furcht und Liebe Gott gegenüber ist, wird – *mutatis mutandis* – Achtung und Wohlwollen dem Nächsten gegenüber; grundsätzliches Wohlwollen gegenüber jedem Unbekannten, nicht Schwachheit gegenüber dem bekanntermaßen Unwürdigen. Liebe bringt Furcht mit sich, denn man kann nur lieben, was man achtet; Vertrauen auf das göttliche Erbarmen und mystische Vertrautheit mit dem Himmel lassen nämlich keinerlei Lässigkeit zu; das ergibt sich schon aus jener entscheidenden Eigenschaft, die der Sinn für das Heilige ist, in welchem sich Furcht und Liebe begegnen.

In der Erfahrung des Schönen und der Liebe erlischt das Ich oder vergisst sich angesichts einer Größe, die anders ist als es selbst: Eine Wirklichkeit zu lieben, die würdig ist, geliebt zu werden, ist eine Haltung der Objektivität, welche die subjektive Erfahrung der Faszination nicht aufheben kann. Das heißt, die

Liebe hat zwei Pole, einen subjektiven und einen objektiven; Letzterer ist es, der für die Erfahrung bestimmend sein muss, da er der Daseinsgrund für die Anziehung ist. Aufrichtige Liebe ist nicht ein Umweg, sich selbst zu lieben; sie gründet auf einem Objekt, das der Bewunderung, der Verehrung, des Wunsches nach Vereinigung würdig ist; und die Quintessenz jeder Liebe, und sogar jeder Tugend, kann nur die Liebe Gottes sein.

Die Vielschichtigkeit unseres Themas lässt es zu, es nun aus einem anderen Blickwinkel zu betrachten und andere Bezugspunkte darzulegen, und das auf die Gefahr hin, uns zu wiederholen, einer Gefahr, der wir uns bei einem derartigen Gegenstand nicht entziehen können.

Das menschliche Erkenntnisvermögen besteht dem Vermögen und der Berufung nach in der Gewissheit des Absoluten. Die Vorstellung des Absoluten zieht einerseits die des Verhältnismäßigen und andererseits die der Beziehungen zwischen beiden nach sich, nämlich die Vorformung des Verhältnismäßigen im Absoluten und die Ausstrahlung des Absoluten in das Verhältnismäßige; die erste Beziehung führt zum persönlichen Gott und die zweite zum höchsten Engel.[1]

Der menschliche Wille besteht dem Vermögen und der Berufung nach im Streben nach dem absolut Guten; nebensächliche Güter, seien sie notwendig oder einfach nur nützlich, werden mittelbar durch die Wahl des Höchsten Gutes bestimmt. Der Wille ist ein Werkzeug, kein Anreger: Wir erkennen und lieben nicht das, was wir wollen, sondern wir wollen das, was wir erkennen und lieben; nicht der Wille ist

---

1 Dieser Engel ist der *Metatron* der Kabbala, der *Rûh* des Koran und die *Buddhi* – oder *Trimûrti* – des *Vedânta*; er ist auch der Heilige Geist der christlichen Lehre, insofern er die Herzen erleuchtet.

für unsere Persönlichkeit bestimmend, sondern das Erkenntnisvermögen und das Gefühl.[2]

Das menschliche Gefühl – die Seele, wenn man so will – besteht dem Vermögen und der Berufung nach aus der Liebe der Höchsten Schönheit und deren Widerschein in der Welt und in uns selbst; in diesem letzteren Fall bestehen die Schönheiten aus den Tugenden und auch, auf einer weniger herausragenden Ebene, in den künstlerischen Gaben. »Gott«, »ich« und »die anderen«: Dies sind die drei Dimensionen, denen jeweils die Frömmigkeit, die Demut und die Nächstenliebe entsprechen oder, so können wir sagen, die beschaulichen, charakterlichen und gemeinschaftsbezogenen Eigenschaften.

Bei der Frömmigkeit – und sie besteht im Wesentlichen im Sinn für das Heilige, für das Allübersteigende, für die Tiefe – richten sich die ergänzenden Tugenden der Demut und der Nächstenliebe auf das Höchste Gut und machen es zu ihrem Gegenstand; das heißt, die Eigenschaft der Frömmigkeit stimmt letztlich mit der Heiligkeit überein, zu welcher *a priori* die Freude durch Gott und der Friede in ihm gehören. In diesem Zusammenhang wird Demut zum Bewusstsein unserer metaphysischen Nichtigkeit, Nächstenliebe wird zum Bewusstsein des göttlichen Innewohnens in den Lebewesen und den Dingen; den Sinn für das Heilige zu haben bedeutet zu spüren, dass alle Eigenschaften oder Werte nicht nur aus dem Unendlichen hervorgehen, sondern auch zu ihm hinführen. Die Seele ist ihrem innersten Wesen nach die Liebe der Höchsten Schönheit, haben wir gesagt; von einem weniger grundlegenden und eher erfahrungsmäßigen Standpunkt aus könnten wir sagen, dass der Kern der Seele die unbewusste Suche nach einem

---

2 Die Worte »Gefühl« und »gefühlsmäßig« rufen allzu oft die Vorstellung einer Gegensätzlichkeit zum Verstand und zum Verstandesmäßigen hervor, was ein Fehler ist, da ein Gefühl richtig sein kann und ein Verstandesurteil falsch.

verlorenen Paradies ist, das in Wirklichkeit »inwendig in euch« ist.

Wenn die Grundtugenden Schönheiten sind, zeugt umgekehrt jede sinnlich wahrnehmbare Schönheit von den Tugenden: Sie ist »fromm« – das heißt »aufsteigend« oder »verwesentlichend« –, weil sie himmlische Urbilder bekundet; sie ist »demütig«, weil sie sich den allgültigen Gesetzen unterwirft und weil sie aufgrund dessen jedes Unmaß ausschließt; und sie ist »wohltätig« in dem Sinne, dass sie ausstrahlt und bereichert, ohne jemals etwas als Gegenleistung zu verlangen.

Fügen wir hinzu, dass in der Welt des Menschen allein die Geistigkeit Schönheit hervorbringt, ohne die der normale und nicht verdorbene Mensch nicht leben kann.

Raue Tugenden wie Mut und Unbestechlichkeit hängen einerseits mit den Grundtugenden zusammen und sind andererseits dadurch zu erklären, dass wir in einer begrenzten und unstimmigen Welt leben; im Paradies haben angreifende und abwehrende Tugenden keinen Daseinsgrund mehr. Für eine gerechte Sache zu kämpfen bedeutet, der Gemeinschaft gegenüber wohltätig zu sein; und es bedeutet Gott gegenüber demütig zu sein, Menschen gegenüber eine Autorität zu verkörpern, die uns aufgrund göttlichen Rechts zusteht. So kommt es, dass jede Tugend, auch die kämpferische, unmittelbar oder mittelbar mit der Gottesliebe in Verbindung steht, ansonsten sie eben keine Tugend wäre.

Wenn Frömmigkeit, Demut und Nächstenliebe die größten Tugenden sind, dann werden Gottlosigkeit,[3] Hochmut, Ichbezogenheit und Boshaftigkeit die größten Untugenden sein;

---

3 Wir verstehen unter Gottlosigkeit nicht die bloße Tatsache, nicht an Gott zu glauben, sondern die grundlegende Gesinnung, nicht an ihn zu glauben; es ist der Unterschied zwischen »Akzidens« und »Substanz«.

das ist ganz offensichtlich, es lohnt sich aber, dies ausdrücklich zu sagen, zumal es manchmal weniger schwer ist, einen greifbaren Fehler zu bekämpfen als ein Tugendideal zu verwirklichen. Auf der Seite der Untugenden gibt es auch die Zerrbilder von Tugenden, die ihrerseits in ihrer Dummheit und Heuchelei wieder Untugenden sind: Aus der Tatsache, dass Gottlosigkeit, Hochmut und Ichbezogenheit Fehler sind, folgt nicht, dass falsche Frömmigkeit, falsche Demut und falsche Nächstenliebe gute Eigenschaften sind. Es besteht kein Zweifel, dass Güte nur dann vollständig ist, wenn sie mit Kraft verbunden ist.[4]

Am Rande der Tugend als spontaner Schönheit der Seele gibt es auch das Bemühen um Tugend; beides ist im Übrigen in der Mehrzahl der Fälle miteinander verbunden. Zweifellos ist eine Haltung oder ein Verhalten, zu dem man sich zwingen muss, noch keine erworbene Tugend, auch wenn es bereits eine Art Tugend ist, falls die Absicht aufrichtig ist.

Unsere Persönlichkeit gründet auf dem, was wir als wirklich erkennen und folglich auch, verneinend, auf dem, was wir als unwirklich oder weniger wirklich erkennen.

Genauso gründet unsere Persönlichkeit auf dem, was wir wollen, nämlich ein bestimmtes Gut und erst recht das Gute als solches und folglich auch auf dem, was wir ablehnen, nämlich ein bestimmtes Böses und *a fortiori* das Böse als solches.

Genauso gründet unsere Persönlichkeit auch auf dem, was wir lieben, nämlich die Schönheit – sei sie sinnlich wahrnehmbar, sittlich oder urbildlich – und folglich auch, verneinend, auf dem, was wir verabscheuen, nämlich die Hässlichkeit in all

---

4 Ein russischer Mönch sagte uns, Jesus hätte die Händler aus dem Tempel vertrieben, um zu zeigen, dass er fähig war, Gewalt auszuüben; eine Meinung, der es, wenn sie richtig verstanden wird, nicht an Stimmigkeit fehlt, ungeachtet ihrer paradoxen und anstößigen Erscheinungsweise.

ihren Anblicken. Hier könnte sich eine Bemerkung aufdrängen: Ganz offensichtlich verpflichtet uns die Schönheit einer sittlich hässlichen Person weder, diese Person wegen ihrer Schönheit zu lieben, noch, diese Schönheit wegen der sittlichen Hässlichkeit zu leugnen; umgekehrt verpflichtet uns die Hässlichkeit einer sittlich schönen Person weder, diese Person wegen ihrer Hässlichkeit zu verabscheuen, noch, diese Hässlichkeit wegen der sittlichen Schönheit zu leugnen. Derartige Wirrnisse treten häufig auf feineren Ebenen als der hier zur Rede stehenden auf, sodass es die Mühe wert war, auf diese fehlerhaften Urteile hinzuweisen.

Schönheit ist die Substanz, und Hässlichkeit ist das Akzidens; dieselbe Beziehung liegt bei Liebe und Hass vor; es ist die Beziehung zwischen Gut und Böse in ganz allgemeinem Sinne. Die Welt ist von Grund auf aus Schönheit geschaffen, nicht aus Hässlichkeit, und die Seele ist aus Liebe geschaffen, nicht aus Hass; die Welt könnte keine Hässlichkeit enthalten, wenn sie nicht *a priori* viel mehr Schönheit enthielte,[5] und wir haben ein Recht auf Abneigung nur in Abhängigkeit von der Größe unserer Liebe.

Das Wirkliche zu erkennen heißt auch, das Unwirkliche oder das weniger Wirkliche, das Bedingte, das Verhältnismäßige zu erkennen; das Gute zu wollen heißt deshalb auch, das Böse zurückzuweisen; das Schöne zu lieben heißt *ipso facto*, das Hässliche zu verabscheuen, und sei es nur durch die Abwesenheit von Liebe oder durch Gleichgültigkeit. Denn wir befinden uns in einer Welt, die aus Unvollkommenheiten gewoben ist, was uns dazu zwingt, ihre Beschränkungen und ihre Unstimmigkeiten wahrzunehmen und sie, wenn nötig, abzulehnen oder zu bekämpfen.

---

5 Zumindest unter normalen Umständen, die bei weitem die Ausnahmezustände des »Eisernen Zeitalters« überwiegen.

*

Wir könnten auch sagen, dass das Erkenntnisvermögen, je nachdem, ob es sich auf das Unbedingte oder das Bedingte, auf das Wirkliche oder das Trügerische bezieht, entweder einend oder trennend ist: Einend eignet es sich an; trennend schließt es aus. Gleichwohl kann das Wesen des Erkenntnisvermögens nur Vereinigung sein, nämlich Synthese, nicht Analyse, oder Beschauung, nicht Unterscheidung.

Genauso ist der Wille, je nachdem, ob er sich auf das Gute richtet oder sich dem Bösen entgegenstellt, entweder bejahend oder verneinend, abgesehen davon, dass es für den Menschen möglich ist, die normale Ordnung der Dinge umzustellen: Bejahend ist der Wille aufbauend, er verwirklicht oder er schafft; verneinend weigert er sich oder er zerstört. Das Wesen des Willens ist aber die Wahl des Guten und die Verwirklichung dieser Wahl; alle zweitrangigen Willensregungen gehen darauf zurück entsprechend der Bedingtheiten der Umstände, welche die irdische Welt auferlegt und welche bei Gott nicht vorhanden sein können.

Genauso ist auch das Gefühl, je nachdem, ob es auf Wahres oder Falsches, auf Gutes oder Böses, auf Schönes oder Hässliches antwortet – unabhängig von der Frage, ob die Antwort angemessen ist – entweder Anziehung oder Abneigung, oder entweder Liebe oder Hass: der Wunsch nach Vereinigung oder im Gegenteil der Wunsch nach Abstand. Das Wesen des Gefühls ist nichtsdestoweniger die Liebe, weil das Wesen des Wirklichen Schönheit, Gutheit, Glückseligkeit ist.

Richtet sich Hass gegen Personen oder gegen Werte, verletzt er Demut und Nächstenliebe ebenso wie Frömmigkeit; Verachtung kann dagegen ein Selbstverteidigungsreflex sein; wenn körperlicher Abscheu erlaubt ist, dann ist es sittlicher Abscheu erst recht. Leidenschaftlicher Hass verletzt gleichermaßen das

Erkenntnisvermögen, da er die Wahrheit verletzt; nicht umsonst spricht man von »blindem Hass«. Es gibt aber einen Hass, der im Gegensatz dazu klarsichtig ist und der aufgrund dessen nichts Leidenschaftliches an sich hat, und das ist der Widerwille gegen unsere Fehler und gegen das, was ihnen in der uns umgebenden Welt entspricht.

Das Erkenntnisvermögen muss aufgrund einer Feststellung vorgehen, nicht aufgrund einer gefühlsmäßigen Reaktion; der Wille kann dagegen auf zweierlei Weise vorgehen, vorausgesetzt die Entscheidung ist angemessen. Zu fragen, was der Daseinsgrund des Gefühls ist, heißt zu fragen, welches der der Liebe ist: Nun zielt die Liebe wie die Erkenntnis auf Vereinigung ab, mit dem Unterschied, dass die Vereinigung im ersten Fall das Gefühl betrifft und im zweiten den Intellekt; dies ist, in der Sprache der Hindus, der Unterschied zwischen *Jñâna* und *Bhakti*.

In einer weithin einem die Mitte fliehenden Prinzip – dem *princeps mundi huius* – unterworfenen Welt ist es unvermeidbar, dass Vereinigung und Liebe von einer verneinenden Weise begleitet werden; Vieldeutigkeit geht schon in die Definition von *Mâyâ* ein, ist doch das Unbedingte allein jenseits von Gegensätzen. Es besteht also keinerlei Widerspruch in der Tatsache, dass das Gefühl, das in seinem Wesen mit der Liebe übereinstimmt, nichtsdestoweniger die Möglichkeit der Abneigung mit enthält.

Jenseits von Gegensätzen zu sein bedeutet: jenseits von Weisen und Zufälligkeiten wie Tätigsein und Erdulden, Bewegung und Ruhe, heiß und kalt, schwarz und weiß; oder jenseits von entgegengesetzten Übertreibungen wie Geschäftigkeit und Trägheit, Gewalt und Schwachheit; dies kann aber nicht bedeuten: jenseits von Wahr und Falsch, von Gut und Böse, denn in diesen Fällen ist der jeweilige zweite Ausdruck ein Mangel an Sein, wenn man so sagen darf, und nicht eine Weise der Kundgabe.

❋

Eine metaphysische Zwischenbemerkung könnte an dieser Stelle ihren Platz finden. An das Zeugnis, dass »*Brahma* die Wirklichkeit ist«(*Brahma satyam*), schließt sich das Zeugnis an, dass »die Welt nur Schein ist«(*jagan-mithyâ*); genauso erfordert – in einem ganz anderen überlieferungsmäßigen Umfeld – das Axiom, dass »allein Gott ist« (*illâ 'Llâh*), den ergänzenden verneinenden Gedanken, dass »es keine andere Gottheit gibt « (*lâ ilaha*). Diese Verneinung wird aber in gewisser Weise auf ihrem eigenen Gebiet durch die im Grunde immanentistische Behauptung ausgeglichen, dass »Mohammed der Gesandte Gottes ist« (*Muhammadun rasûlu 'Llâh*), was in unserem Zusammenhang bedeutet, dass »das Vollkommene das Hervorgehen aus dem Urgrund ist«; in ähnlicher Weise wird die vedantische Vorstellung, dass »die Welt nur Schein ist«, durch die ergänzende bejahende Vorstellung ausgeglichen, dass »die Seele nicht verschieden ist von *Brahma*« (*jivo brahmaiva nâparah*).

In der lehrhaften islamischen Botschaft ebenso wie in der hinduistischen Botschaft wird die Behauptung der Transzendenz nach außen hin mithilfe einer einschränkenden verneinenden Behauptung verdeutlicht, die ihrerseits durch eine ausgleichende Behauptung der Immanenz übertroffen wird. Gemäß der Transzendenz sollen wir nur das Höchste Gut lieben, woran unsere Liebeskraft angepasst wird, da wir Menschen sind; gemäß der Immanenz »wird der Ehegatte nicht um der Liebe des Ehegatten willen geliebt, sondern um der Liebe zu *Âtmâ* willen, das in ihm ist«.

Wenn man von dem für den Menschen kennzeichnenden Erkenntnisvermögen spricht, kann man das tun, indem man von den Begriffen der Transzendenz und der Immanenz ausgeht; anders gesagt ist die Frage, die sich im Wesentlichen stellt, einerseits die, was der erhabenste Inhalt des Geistes ist, und andererseits die, was sein tiefster Gehalt ist. Die Antwort liefern uns – im Abendland – die eckhartschen Begriffe der überontologischen und damit überpersönlichen »Gottheit« und des »ungeschaffenen Intellekts« (*aliquid ... increatum et increabile*). Wir können daraus die folgende Begriffsbestimmung ableiten: Der vollständige und ursprüngliche Mensch ist der Intellekt und das Bewusstsein des Absoluten. Oder auch: Der Mensch ist Glaube und die Vorstellung von Gott; immanenter Heiliger Geist einerseits und transzendente Wahrheit andererseits.

Einer anfänglichen und synthetischen Logik gemäß würden wir sagen, dass das Erkenntnisvermögen auf das Wahre abzielt, der Wille auf das Gute und die Liebe auf das Schöne. Um jedoch gewissen Einwänden zuvorzukommen, müssen wir genauer sagen, dass das Erkenntnisvermögen dazu geschaffen ist, alles Erkennbare zu erkennen, und dass es folglich gleichermaßen das Gute und das Schöne zum Gegenstand hat und nicht nur das Wahre; genauso zielt der Wille auf alles ab, was verdient, gewollt zu werden, also auch auf das Schöne und das Wahre; die Liebe zielt ihrerseits auf alles Liebenswerte ab, also auch auf das Wahre und das Gute. Mit anderen Worten: Vom Standpunkt des Erkenntnisvermögens aus sind das Gute und das Schöne ganz offensichtlich Wahrheiten oder, sagen wir, Wirklichkeiten; vom Standpunkt des Willens aus sind Wahrheit und Schönheit Werte; und vom Standpunkt der Liebe aus haben die Wahrheit und das Gute ihre Schönheit, was viel mehr als eine Redeweise ist.

Erkenntnisvermögen und Wille bilden zusammengenommen das, was wir die »Fähigkeit« des Einzelnen nennen könnten, unabhängig von seinem sittlichen und ästhetischen Empfindungsvermögen.

Genauso bilden Empfindungsvermögen und Wille zusammengenommen den »Charakter« des Einzelnen, unabhängig von seinem Erkenntnisvermögen.

Genauso bilden wiederum Erkenntnisvermögen und Empfindungsvermögen zusammengenommen das »Format« des Einzelnen, unabhängig von seiner Willenskraft.

So gehören die Eignung zur Verwaltung, organisatorisches Geschick und Strategie eher in die psychologische Dimension, die wir »Fähigkeit« nennen, als zum Erkenntnisvermögen oder zum Willen allein; Mut und Unbestechlichkeit gehören eher zum »Charakter« als zum Willen oder zum Empfindungsvermögen allein; die machtvolle Tiefe der großen Dichter gehört zur »Größe«, nicht zum Empfindungsvermögen oder zum Erkenntnisvermögen allein. All diese Gaben haben einen bedingten Wert, keinen unbedingten: Im Paradies bedarf es keines Geschicks mehr, denn es gibt nichts mehr zu organisieren; es bedarf keines Mutes mehr, denn es gibt kein Böses mehr, was zu bekämpfen wäre; und es bedarf keines Genies mehr, denn es muss nichts mehr erfunden oder hergestellt werden. Dagegen kann man nicht auf die wesentlichen Tugenden verzichten – Frömmigkeit, Demut und Nächstenliebe –, denn sie gehören unmittelbar zur Natur des Höchsten Gutes; das heißt, sie sind ein Teil unseres Seins.

Wahrheit, Weg und Tugend: Die Tugend ist der Prüfstein unserer Aufrichtigkeit; ohne sie gehört die Wahrheit uns nicht, und der Weg entgleitet uns.[6] Die Wahrheit ist das, was wir wissen müssen; der Weg ist das, was wir tun müssen; die Tugend ist das, was wir lieben, werden und sein müssen. Der

---

6 »Wenn ich mit Menschen- und mit Engelzungen redete und hätte der Liebe nicht, so wäre ich ein tönendes Erz oder eine klingende Schelle« (1 Kor 13,1).

hinreichende Grund für die drei grundlegenden Vollkommenheiten des Menschen ist das Bewusstsein des Unbedingten;
ohne die Möglichkeit dieses Bewusstseins wären die Vorrechte
des menschlichen Zustands nicht erklärbar.

Wahrheit, Weg, Tugend; anders gesagt: Lehre, Methode,
Eignung; unterscheidendes und beschauliches Erkenntnisvermögen, verwirklichender, zugleich durchschlagender und aus-
dauernder Wille, eine Seele, die fähig ist zur Objektivität und
damit zur Uneigennützigkeit, zum Mitgefühl, zur Großherzigkeit. Vom besonderen Standpunkt der geistigen Alchemie aus
könnten wir sagen: Nachdenkliches Verständnis, wirksame
Sammlung, seelische Übereinstimmung – wobei dieses dritte
Element bedeutet, dass das erleuchtende Verständnis und die
verwandelnde Sammlung ein Umfeld sittlicher Schönheit erfordern. Wer Schönheit sagt, sagt Gutheit und Glück oder
Seligkeit; dies ermöglicht uns, die wohlbekannte platonische
Formel wie folgt zu umschreiben: »Die Gutheit – und mit ihr
die Seligkeit – ist der Glanz des Wahren«.

Abgesehen von dem objektiven Erkenntnisvermögen, dem
freien Willen und der Fähigkeit zur Uneigennützigkeit zeichnet
sich das menschliche Wesen durch das Denken, die Sprache
und – was seine leibliche Gestalt betrifft – den aufrechten Gang
aus; gemeinsam mit den Tieren hat er das Gedächtnis, die Vorstellungskraft und die Intuition. Der Verstand gehört dagegen
nur zum Menschen; wir sagen Verstand und nicht Intelligenz,
denn diese lässt sich einesteils nicht auf jenen beschränken
und findet sich andernteils auch im Tierreich. Unbestreitbar
sind die Tiere auch im Besitz des Willens und des Gefühls; der
Unterschied zwischen ihnen und den Menschen ist zugleich
absolut und verhältnismäßig: Absolut im Hinblick auf die dem

Menschen eigenen Vorrechte und verhältnismäßig im Hinblick auf die Fähigkeiten an sich.

Was den Verstand anlangt, so sind die Theologen zu Recht der Ansicht, dass er eine Art Gebrechen ist, das auf dem »Sündenfall« Adams beruht und das die Engel nicht besitzen, weil sie sich der unmittelbaren Wahrnehmung der Grundsätze, der Ursachen und der Wirkungen erfreuen. Gleichwohl muss der Verstand auch eine positive Seite haben in dem Sinne, dass er mit der Sprache verbunden ist und dass er neben der Intuition der Engel bestehen kann, oder sagen wir einfach – was auf dasselbe hinausläuft –, neben der intellektuellen Intuition, der reingeistigen Schau; was das artikulierte Denken betrifft, müssen sogar die Engel in der Lage sein, sich der Verstandeskraft zu bedienen, ansonsten es keine heiligen Schriften gäbe; insgesamt gesehen wird der Verstand ein Gebrechen nur im Falle der fehlerhaften Spekulation des Unwissenden, der die Erkenntnis lediglich vorgibt. Ein Engel oder ein Weiser kann sicherlich rational sein, er kann aber kein Rationalist sein; er muss keine »Schlüsse« ziehen, wohingegen er »wahrnehmen« kann, er kann aber eine geistige Wahrnehmung mithilfe einer zwangsläufig logischen Argumentation erklären.

Die Tatsache, dass Tiere, wie die Engel, Intuition besitzen, aber keinen Verstand, führt zu der merkwürdigen Erscheinung des Tierkultes, zumal bei ihnen die waagerechte Intuition oft weiter entwickelt ist als bei den Menschen, sodass sie wie Spuren himmlischer Urbilder erscheinen oder gewissermaßen wie deren »Medium«. Stellen wir fest, dass es Tiere gibt, die empfindsam für geistige Einflüsse sind, und das in einem solchen Maße, dass sie Gefäße für die *Barakah* sind.

Ein wesentlicher Zug, der den Menschen vom Tier unterscheidet, ist der, dass der Mensch weiß, dass er sterben muss, während das Tier das nicht weiß. Nun ist dieses Wissen um den Tod aber ein Beweis der Unsterblichkeit; nur weil der

Mensch unsterblich ist, erlauben ihm seine Fähigkeiten, seine irdische Unbeständigkeit festzustellen. Wer vom Bewusstsein des Todes spricht, spricht vom religiösen Phänomen; und sagen wir genauer, dass dieses Phänomen Teil der Ökologie im umfassenden Sinne des Wortes ist, denn ohne Religion – oder ohne echte Religion – kann ein menschliches Gemeinwesen nicht auf Dauer bestehen; das heißt, es kann nicht menschlich bleiben.

Wenn wir das menschliche Wesen nach dem Grundsatz der Zweiheit definieren oder beschreiben, teilt es sich in einen äußeren Menschen und einen inneren Menschen auf; der eine ist von den Sinnen und dem Verstand bestimmt und irdisch, und der andere vom Intellekt und Herzen und himmlisch. Nach dem Grundsatz der Dreiheit teilt sich der Mensch in Erkenntnisvermögen, Willen und Gefühl; nach dem Grundsatz der Vierheit besteht er aus Verstand, Intuition, Gedächtnis und Vorstellungskraft; hierdurch werden gewissermaßen zwei Achsen gebildet, »senkrecht« die eine und »waagerecht« die andere.

Nun hat der Grundsatz der Dreiheit in dem Sinne den Vorrang, dass er die rechte Mitte zwischen Zusammenschau und Zergliederung bildet: Er ist deutlicher als die Zweiheit und wesentlicher als die Vierheit; näher an der Einheit stehend als die geraden Zahlen, spiegelt die Dreiheit das Sein unmittelbarer wider.

Die höchste Wirklichkeit gleicht dem Höchsten Gut.

Da sie unbedingt ist, ist die höchste Wirklichkeit unendlich; dasselbe gilt für das Höchste Gut, welches die unbedingte Wirklichkeit ist, wenn man sie im Hinblick auf ihre Natur oder ihren Gehalt betrachtet.

In der Welt legt jede Wirklichkeit als solche Zeugnis von
der höchsten Wirklichkeit ab, von der Wirklichkeit an sich.
Und in gleicher Weise legt jedes Gut als solches Zeugnis ab vom
Höchsten Gut, vom Gut an sich.

Das menschliche Erkenntnisvermögen oder der Intellekt
kann uns nicht das An-sich des Unbedingten enthüllen, und
kein vernünftiger Mensch würde das von ihm verlangen; der
Intellekt kann uns mit Bezugspunkten versorgen, und das ist
alles, was er vom Standpunkt der unterscheidenden und ein-
führenden Erkenntnis tun muss, jener Erkenntnis, die sich
durch Worte ausdrücken lässt. Der Intellekt ist aber nicht nur
unterscheidend, er ist auch beschaulich und somit einend, und
in dieser Hinsicht kann man nicht sagen, dass er begrenzt sei,
genauso wenig wie ein Spiegel das Licht begrenzt, das sich in
ihm spiegelt; die beschauliche Dimension des Intellekts stimmt
mit dem Unsagbaren überein.[7]

In theologischen Kreisen wird oft geltend gemacht, der
menschliche Intellekt sei zu schwach, um Gott zu erkennen;
nun ist aber der Daseinsgrund des Intellekts gerade diese Erkenntnis, mittelbar und hinweisend in gewisser Hinsicht, und
unmittelbar und einend in anderer. Es ist ein unwiderlegbarer
Gottesbeweis, dass der menschliche Geist zur Objektivität und

---

7 Ein gefährlicher Irrtum, auf den wir an dieser Stelle hinweisen müssen
und der für die falschen Gurus aus Ost und West ein Axiom zu sein scheint,
ist das, was wir mit dem Ausdruck »Realisationismus« bezeichnen könnten:
Man gibt vor, allein die »Realisierung« sei wichtig und die »Theorie« sei
nichts, als ob der Mensch nicht ein denkendes Wesen wäre, und als ob er
was auch immer unternehmen könnte, ohne zu wissen, wohin er seine Füße
setzen soll. Falsche Meister sprechen gerne über die »Entwicklung latenter
Energien«; nun kann man zur Hölle fahren mit all den Entwicklungen und
all den Energien, die einem behagen; besser ist es jedenfalls, mit einer guten
Theorie zu sterben als mit einer falschen »Realisierung«. Was die Pseudo-
Spiritualisten allzu leicht aus dem Blick verlieren, ist, dass es nach einer
Maxime der Maharadschas von Benares »kein höheres Recht gibt als das der
Wahrheit«.

Transzendenz in der Lage ist; die Transzendenz ist der zureichende Grund für die Objektivität. Wir sagen nicht, dass ein derartiger Beweis notwendig sei für die Erkenntnis; wir sagen aber, dass er in der Natur der Dinge liegt und dass er *ab extra* bekräftigt, was der Intellekt *ab intra* wahrnimmt; hat doch die metaphysische Gewissheit ihre Wurzel in dem, was wir sind.

Jedes Vorrecht des menschlichen Zustands, das auf seine Weise ein Kosmos ist, enthält zwei Pole, einen tätigen und einen erduldenden, oder einen bewegenden und einen ruhenden. So gibt es für das Erkenntnisvermögen Unterscheidung und Beschauung, Zergliederung und Zusammenschau, oder auch, in einem subjektiveren und erfahrungsmäßigeren Sinne, Gewissheit und Gelassenheit; im Willen unterscheiden wir zwischen Entscheidung und Ausdauer, Antrieb und Beständigkeit; und in der Seele, dem Gefühl, zwischen Eifer und Treue.

Gewissheit und Gelassenheit, oder Glaube und Friede: Dieser geht aus jenem hervor, so wie das Unendliche – oder die All-Möglichkeit – in gewisser Weise das Unbedingte erweitert. Um zu leben, bedarf der Mensch des Friedens; nun ist es vergeblich, diesen Frieden außerhalb der metaphysischen und eschatologischen Gewissheiten zu suchen, auf die unser Geist zugeschnitten ist, weil er menschlich ist, und an die er sich angleichen muss, eben weil er auf sie zugeschnitten ist. Man möchte gerne mit dem heiligen Bernhard sprechen, aber indem man ihn umschreibt: *O beata certitudo, o certa beatitudo!*[8]

---

8 »Gewissheit« anstelle von »Einsamkeit«. Einsamkeit in Gott hat nichts Entziehendes an sich, angesichts der Unendlichkeit des Höchsten Gutes; der Mensch ist »allein«, weil Gott »einer« ist, diese Einheit ist jedoch Gesamtheit.

❋

Zusammenfassend lässt sich sagen: Die Vorrechte des menschlichen Zustandes bestehen im Wesentlichen in einem Erkenntnisvermögen, einem Willen und einem Gefühl, die alle zu Objektivität und Transzendenz in der Lage sind. Objektivität ist die »waagerechte« Dimension: Es ist die Fähigkeit, die Dinge so zu erkennen, zu wollen und zu lieben, wie sie sind, also ohne subjektivistische Verformung; Transzendenz ist demgegenüber die »senkrechte« Dimension: Es ist die Fähigkeit, Gott zu erkennen, zu wollen und zu lieben und *ipso facto* alle Werte, die über unsere irdische Erfahrung hinausgehen und sich mehr oder weniger unmittelbar auf den göttlichen Bereich beziehen.

Das heißt aber noch lange nicht, dass diese Fähigkeiten in jedem menschlichen Wesen vorhanden wären. Zunächst besitzen allzu viele Menschen keine metaphysische Erkenntnis; dann wissen allzu viele Menschen, wenn sie sie besitzen, nicht, wie sie sie in ihr Wollen und ihr Lieben eingehen lassen sollen, und dieser Bruch zwischen Denken und individueller Seele ist sogar etwas viel schwerer Wiegendes als der Mangel an Erkenntnis. Tatsächlich ist metaphysische Erkenntnis, wenn sie rein gedanklich bleibt, praktisch nichts; Erkenntnis hat nur unter der Bedingung einen Wert, dass sie ins Lieben und Wollen erweitert wird. So ist das Ziel des Weges zunächst, diesen ererbten Bruch zu beheben und dann – auf dieser Grundlage – den Aufstieg zum Höchsten Gut zu bewirken, welches gemäß dem Mysterium der Immanenz unser eigentliches Sein ist.

Der Mensch ist geschaffen aus Objektivität und Transzendenz; da er das vergessen hat – daseinsmäßig noch mehr als gedanklich –, ist es seine gleichsam seinsmäßige Berufung, »das wieder zu werden, was er ist«, das heißt, zu seiner himmlischen Möglichkeit zurückzukehren. Außerhalb von Objektivität und Transzendenz gibt es den Menschen nicht, es gibt nur das menschliche Tier; um den Menschen zu finden, muss man zu Gott streben.

Der Mensch in der kosmogonischen

Vergegenständlichung

Die schöpferische Ausstrahlung stimmt mit dem Mysterium der daseinsmäßigen *Mâyâ* überein; nicht mit der *Mâyâ* insgesamt, die auf ihrem Gipfel den Dasein verleihenden Urgrund umfasst. Die ganze Welt ist *Mâyâ*, aber *Mâyâ* ist nicht zur Gänze die Welt; die göttliche Wesenheit, das »Über-Sein«, findet ihren Widerhall in der Verhältnismäßigkeit, indem sie die göttliche Person, das schöpferische »Sein«, hervorruft.[1]

Die Frage nach dem »Warum« der Schöpfung hat Anlass zu vielen Spekulationen gegeben. Wir haben sie in unseren Darlegungen mehr als einmal beantwortet: Die kosmogonische Vergegenständlichung hat die dem Unbedingten eigene Unendlichkeit zur letzten Ursache; wer nun aber Unendlichkeit sagt, sagt All-Möglichkeit und demzufolge Überfließen der göttlichen Möglichkeiten, in Übereinstimmung mit dem Grundsatz, der besagt, dass das Gute bestrebt ist, sich mitzuteilen. Man sagt, Gott habe die Welt »aus einem freien Willensakt geschaffen«, aber nur um zu unterstreichen, dass Gott nicht unter Zwang handelt; dieser letztere Ausdruck führt im Übrigen zu Verwirrung, denn es versteht sich von selbst, dass Gott tatsächlich »gezwungen« ist, seiner Natur treu zu sein, und dass er sich aufgrund dessen durch eine gleichsam ewige – oder gleichewige – Kette von Schöpfungen kundgeben muss;[2] eine Kette, die, da sie zur kosmischen *Mâyâ* gehört, keinen Einfluss

---

1 Das heißt, der persönliche Gott gehört zur *Mâyâ* – deren Mittelpunkt oder Gipfel er ist –, sonst könnte er nicht ein Gesprächspartner für den Menschen sein.

2 Wie es namentlich die Hindus und die Griechen lehren. Metaphysische Notwendigkeit ist nicht Zwang, genauso wenig wie Freiheit Beliebigkeit ist.

auf die Transzendenz der Gottheit, selbst der persönlichen, haben kann.

Die Hervorbringungen der schöpferischen Ausstrahlung sind zugleich aufeinander folgend und gleichzeitig: Sie sind aufeinander folgend, insofern sie die Welt errichten oder sie in ihrem Raum zum Vorschein kommen, und sie sind gleichzeitig, insofern sie, ist die Welt erst einmal entfaltet, deren hierarchisches Gefüge bilden. Die allheitliche Vergegenständlichung schließt keinerlei »Emanation« im wörtlichen und üblichen Sinne des Ausdrucks mit ein, und schließt in jedem Fall jegliche verwandelnde Evolution aus, wenngleich oberflächliche Anpassungen an ein gegebenes Umfeld immer möglich sind. Wir beziehen uns hier auf die Grundsätze, die sich naturgemäß empirischen Untersuchungen entziehen, nicht aber der reingeistigen Schau, ist diese doch im Kern des menschlichen Geistes verwurzelt, sonst wäre der *homo* nicht *sapiens*.

Auf den ersten Blick könnte man glauben, das Ergebnis der kosmogonischen Vergegenständlichung sei die Materie; diese erscheint tatsächlich als der Endpunkt der Dasein verleihenden Flugbahn, sie ist dies jedoch nur in gewisser Hinsicht, jener der kosmischen Substanz, deren veräußerlichte und bedingteste Erscheinungsform sie ist; dies gilt zumindest für unsere sinnenhafte Welt, denn man kann sich Stoffe vorstellen, die unendlich »verfestigter« sind als die zu unserem räumlichen Kosmos gehörige Materie.[3]

Von einem ganz anderen Standpunkt aus würden wir sagen, dass das Ergebnis der kundgebenden Flugbahn nicht

---

3 Für die Evolutionisten ist diese Materie der Schauplatz – oder die anfängliche Substanz – der All-Möglichkeit; unbegründete Begriffsbildungen wie die der »Biosphäre« oder der »Noosphäre« fügen nichts hinzu, was diesen Irrtum, dessen Wirkungen unberechenbar sind, abschwächen könnte.

ein bestimmter die Substanz enthaltender Behälter ist, sondern der geformte Inhalt, nämlich das geschaffene Ding, die mehr oder minder entfernte Widerspiegelung eines bestimmten göttlichen Urbildes. Die Widerspiegelungen der »Ideen« umfassen nicht nur bejahende Erscheinungen, sondern auch verneinende Erscheinungen, insofern sie bejahende Elemente enthalten, die sonst nicht da sein könnten; ein schlechtes Geschöpf besitzt zumindest und notwendigerweise die Gabe des Daseins und darüber hinaus bestimmte Eigenschaften oder bestimmte Fähigkeiten. In Bezug auf die zur Rede stehende Frage ist die kosmische Kundgabe im Ganzen genommen ein Gut, da sie ja die Eigenschaften des Seins darstellt.

Eine andere Form der kosmischen Vergegenständlichung ist das, was wir den »Unglücksfall des Mangels« nennen könnten: Diese Ausstrahlung bringt unmittelbar die Entfernung von der göttlichen Quelle zum Ausdruck. Die Kundgabe ist nicht der Urgrund, die Wirkung ist nicht die Ursache; was »anders als Gott« ist, kann nicht die Vollkommenheiten Gottes besitzen, und daraus muss sich letztendlich, diesseits der allgemeinen Unvollkommenheit des Geschaffenen, jene mangelhafte und zersetzende Erscheinung ergeben, die wir das Übel nennen. Das heißt, indem der kosmogonische Strahl in gewisser Weise »im Nichts« versinkt, endet er damit, die »Möglichkeit des Unmöglichen« zu bekunden; das »Sinnwidrige« kann im Wirken des göttlichen Möglichen nicht nicht eintreten, sonst wäre das Unendliche nicht das Unendliche. Streng genommen kann sich das Übel, oder der Teufel, nicht der Gottheit, die keinen Gegensatz hat, entgegenstellen; es stellt sich dem Menschen entgegen, welcher der Spiegel Gottes und die Bewegung hin zum Göttlichen ist.

Eine Weise, die das Übel aufwiegt und in einem gewissen Sinne überwindet und die sogar alle anderen Weisen krönt, ist die »Wiedereingliederung«: Die kosmogonische Bewegung flieht nicht nur die Mitte, sie strebt sogar zu guter Letzt dorthin zurück, das heißt, sie ist kreisförmig; der Kreis der *Mâyâ* schließt sich im Herzen des vergöttlichten Menschen. In dieser Hinsicht ist das Ergebnis der kosmogonischen Vergegenständlichung der Mensch, oder sagen wir genauer: der das Unbedingte wahrnehmende Intellekt, dann der die Folgerungen aus dieser Wahrnehmung ziehende Wille. Auf die Frage, warum der Mensch in die Welt gestellt worden ist, wo es doch seine grundlegende Berufung ist, sie zu verlassen, antworten wir: gerade deshalb, damit es jemanden gibt, der zu Gott zurückkehrt; das heißt, die All-Möglichkeit erfordert, dass Gott nicht nur ausstrahlt, sondern auch die befreiende Seligkeit der Rückkehr verwirklicht. Genauso wie ein Spiegel auf seine Weise die Sonne verwirklicht, die er zurückstrahlt, genauso verwirklicht der Mensch sein göttliches Urbild: zunächst durch seine theomorphe Natur, und dann durch die Folgerungen, die sie nach sich zieht.

Zu dieser Weise der kosmischen Vergegenständlichung, die das Phänomen Mensch ist, kommt noch eine gewissermaßen zweitrangige Weise hinzu, die aber in sich von großer Bedeutung ist, nämlich der avatarische Modus, die »göttliche Herabkunft«, die »Fleischwerdung«; die höchste Form der Vergegenständlichung von *Âtmâ* in *Mâyâ*. Im Rahmen der gefallenen Menschheit und aufgrund dieses Falles wiederholt sich die anfängliche menschliche Vergegenständlichung durch den *Avatâra*, um das Gleichgewicht wiederherzustellen und dem Menschen seine erste Berufung zurückzugeben; hiervon zeugt die Sinnbildlichkeit des Tanzes der *Gopis* um Krishna.

❋

Die Tiernatur kann Formen des Verfalls ebenso bekunden wie Formen der Vollkommenheit, jedoch kann die Art der Tiere nicht verfallen; allein der Mensch, der Teil hat an der göttlichen

Freiheit und der geschaffen ist, um frei Gott zu wählen, kann einen schlechten Gebrauch von seiner Freiheit machen unter dem Einfluss jener kosmischen Erscheinungsweise, die das Übel ist. Wie dem auch sei, genauso wie der Bumerang – wenn es gestattet ist, eine etwas ungewöhnliche Sinnbildlichkeit zu verwenden – durch seine Form dazu bestimmt ist, zu dem zurückzukehren, der ihn geworfen hat, genauso ist der Mensch durch seine Form dazu bestimmt, zu seinem göttlichen Urmuster zurückzukehren; ob er es will oder nicht – der Mensch ist zur Transzendenz »verdammt«.

Menschlich gesprochen ist der zu Mangel und Zersetzung führende kosmische Strahl nichts anderes als der *princeps mundi huius*; die schlimmste Verderbtheit ist die des Menschen, weil *corruptio optimi pessima*. Die Hinneigung zur »Finsternis« und zum »Abstieg« entfernt nicht nur vom Höchsten Gut, sondern lehnt sich gegen es auf; daher die Gleichsetzung von Teufel und Hochmut. Und das ermöglicht es uns, an dieser Stelle die folgende Betrachtung einzufügen: Ganz verwandt mit dem Hochmut sind Zweifel, Bitterkeit und Verzweiflung; das große Übel besteht für den Menschen nicht nur darin, sich von Gott zu entfernen, sondern auch darin, an seinem Erbarmen zu zweifeln. Es besteht darin, nicht wissen zu wollen, dass im tiefsten Abgrund das rettende Seil immer da ist: Die göttliche Hand ist ausgestreckt, wenn wir nur die Demut und den Glauben haben, die es uns ermöglichen, sie zu ergreifen. Die kosmische Vergegenständlichung entfernt von Gott, diese Entfernung hat aber nichts Absolutes an sich; die Mitte ist immer gegenwärtig.

Es liegt in der Natur des Übels, sich so weit wie möglich in allen Bereichen festzusetzen: Jedes Geschöpf hat sicherlich das Recht, in dem Umfeld zu leben, das die Natur ihm zugewiesen hat, beim Menschen führt dieses Recht jedoch zu den Lastern der Äußerlichkeit, der Oberflächlichkeit, der Weltlichkeit, kurz zur törichten und unverantwortlichen »waagerechten« Gesinnung. Die Schwierigkeit befindet sich aber nicht nur im verführerischen Umfeld, sie befindet sich bereits im Menschsein selbst, und sie besteht im Missbrauch des Erkenntnisvermögens: Man könnte ihn mit den Worten Titanismus, Ikarismus, Babelismus, Szientismus und Zivilisationismus kennzeichnen. Im Übrigen gibt es keine Übertreibung, die ihren mittelbaren Ursprung nicht in irgendeiner Wahrheit oder Wirklichkeit hätte: So könnten sich Nihilismus und Verzweiflung, wenn auch sehr missbräuchlich, auf den allheitlichen Trug berufen; oder sagen wir, auf die trügerische Seite der kosmogonischen Vergegenständlichung. Auf umgekehrt ähnliche Weise bewirkt die Gleichheit, die *Mâyâ* auf *Âtmâ* beschränkt – oder zurückführt –, mittelbar und karikaturenhaft die »Selbstanbetung« gewisser Anhänger eines vermeintlichen *Vedânta* und auch die Götzenanbetung insgesamt; man nimmt das Bild für die Sache selbst, das erfahrungsmäßige Ich für das innewohnende Selbst, das Seelische für das Geistige; *quod absit.*

Der Mensch, haben wir gesagt, ist in die Welt gestellt, damit es jemanden gibt, der zu Gott zurückkehren kann. Dies lässt, neben anderen Zeichen, an jene »übernatürlich-natürliche« Theophanie denken, welche der menschliche Leib ist: Da der Mensch *imago Dei* ist, versinnbildlicht sein Leib notwendigerweise die befreiende Rückkehr zum göttlichen Ursprung, und in diesem Sinne ist er »Erinnerung an Gott«. Zwar drückt das edle Tier – wie der Hirsch, der Löwe, der Adler, der Schwan – ebenfalls eine bestimmte Seite der göttlichen Erhabenheit aus, es bekundet aber nicht die befreiende Rückkehr der Form zur Wesenheit; es verbleibt in der Form, daher das »Waagerechte« an ihm. Der Leib des Menschen ist dagegen »senkrecht«, er ist ein Sakrament, sei er männlich oder weiblich; der Unterschied der Geschlechter kennzeichnet eine wechselseitige Ergänzung der Erscheinungsform und ganz offensichtlich nicht eine grundsätzliche Andersartigkeit. Heilige Nacktheit drückt – in Indien zum Beispiel – die Veräußerlichung dessen aus, was das Innerste ist, und entsprechend die Verinnerlichung dessen, was das Äußerste ist; »und deswegen tanze ich nackt«, wie es Lallâ Yogîshwarî gesagt hat, nachdem sie das innewohnende Selbst verwirklicht hatte. Die äußersten Gegensätze berühren einander; die natürliche Form kann Träger sein für die über-natürliche Wesenheit, und diese vermag sich in jener zu be-kunden.

Gemüter, die wenig mit dem Vorgehen der Sinnbildlich-keit vertraut sind, könnten die körperliche Gottförmigkeit des Menschen bestreiten, indem sie beispielsweise vorbringen, dass Gott weder eine »Vorderseite« noch eine »Rückseite« habe und dass er nicht »gehen« könne, da er unwandelbar ist; das ist allzu offensichtlich, wenn man die Dinge beim Wort nimmt, es ist indes wichtig zu verstehen, dass die nicht miteinander vergleichbaren Ebenen der Vergleichspunkte nicht die Ähn-lichkeit und folglich auch nicht die Sinnbildlichkeit aufheben.[4] Die »Rückseite«, um die es sich hier handeln mag, ist nichts anderes als *Mâyâ*, insofern sie das Sein vom Über-Sein trennt; die »Vorderseite« ist das Sein, insofern es die im Raum der *Mâyâ* zu vergegenständlichende Möglichkeiten entwirft; und das »Gehen« ist ebendiese Vergegenständlichung. Das Sein »kehrt«, da es zur *Mâyâ* gehört, dem Über-Sein »den Rücken zu« und bleibt dabei im Hinblick auf die Wesenheit mit ihm verbunden; und es »wendet sein Antlitz« *Mâyâ* zu, da es den

4 Immer noch in Bezug auf unsere Gottförmigkeit möchten wir darauf hin-weisen – so merkwürdig es auch erscheinen mag –, dass die Anatomie un-abhängig von biologischen Unerbittlichkeiten und Unreinheiten ist, die ihrer-seits zur kosmischen Ebene gehören und nicht zum Urbild; es sind unserem »Fall« in die nachparadiesische Materie geschuldete »Entartungen«, die auf entziehende Weise urbildliche, also himmlische Funktionen widerspiegeln.

Möglichkeiten, welche die Welt ausmachen werden, Dasein verleiht. Schließlich möchten wir sagen, dass die »Art des Gehens« des Schöpfers »edel« ist: Sie besitzt die Eigenschaft der Schönheit in dem Sinne, dass Gott, indem er die Urbilder kundtut, immer die Rangordnung der Dinge beachtet; es versteht sich aber von selbst, dass der höchste Urgrund nicht aus sich selbst herausgehen kann. Das »göttliche Gehen« in und durch *Mâyâ* ist gewissermaßen ein »Traum« der Gottheit, die einzig und unwandelbar bleibt; allein für die Geschöpfe ist dieser Traum ein Nach-außen-Treten, eben eine *Creatio ex nihilo.*[5]

Es gibt keine Tugend, die nicht von Gott käme, und es gibt keine, die er nicht besäße; dies erlaubt uns, die Frage zu stellen, ob er die Tugend der Demut besitzt, welche definitionsgemäß zum Geschöpf gehört; eine zumindest paradoxe und merkwürdig klingende, aber logisch unvermeidliche Frage. Die Antwort ist, dass der persönliche Gott sich ganz offensichtlich in keiner Weise gegen die überpersönliche Gottheit stellt, von der er einigen Möglichkeiten Dasein verleiht; das Sein kann nicht dem Über-Sein widersprechen, Gott als Person ist gewissermaßen seiner eigenen Wesenheit, dem »reinen Unbedingten«,[6] »unterworfen«; die göttliche Einheit – oder die Einheit des göttlichen Bereichs – wird durch die Stufen der Wirklichkeit nicht angetastet. Zu sagen, Gott sei »Einer«, bedeutet nicht, dass die Urwirklichkeit keine Stufen besäße, sondern dass das Sein einzig und unteilbar ist; es besitzt gleichwohl Eigenschaften und

---

5 *Brahman satyam, jagan mithyam:* »*Brahman* ist Wirklichkeit, die Welt ist Schein«. Es muss festgehalten werden, dass die Vedantiker die negative Seite des Trugs nicht in ausschließlicher Weise betonen; es ist nämlich wichtig, die Vorstellung der Unwirklichkeit mit der der verhältnismäßigen Wirklichkeit zu verbinden. »Trugbild« ist nicht mit »Nichts« gleichbedeutend; der – scheinbar sinnwidrige – Begriff eines »verhältnismäßigen Nichts« drängt sich ebenso wie der eines »verhältnismäßig Absoluten« auf.

6 Dieser Ausdruck ist keine Tautologie, da wir ja die Gegenwart der *Mâyâ* im göttlichen Bereich betrachten.

Fähigkeiten, sonst würden die Geschöpfe sie nicht besitzen. Doch kehren wir zur Frage der Demut zurück: Genauso wie der persönliche Gott der über-persönlichen Gottheit »unterworfen«, also in einem gewissen Sinn »demütig« ist, so muss sich auch der Mensch gegenüber seinem eigenen Herzens-Intellekt, dem innewohnenden göttlichen Funken, als demütig erweisen; der Hochmütige versündigt sich an seiner eigenen unsterblichen Wesenheit ebenso wie an Gott und den Menschen.

Mit all diesen – zweifellos wenig bekannten, aber in gewisser Hinsicht umso aufschlussreicheren – Betrachtungen wollen wir zeigen, dass die allheitlichen Entsprechungen sich nicht nur auf grundlegende Bilder beschränken, sondern dass sie auch Nebenformen der Schlüssel-Sinnbilder mit einschließen.[7] In jedem Fall und trotz all der offensichtlichen Ähnlichkeiten zwischen dem himmlischen und dem irdischen Bereich muss es recht verstanden werden, dass es, im Hinblick auf Unvergleichbarkeit, in der Welt nichts gibt, was Gott gleichen würde.

Wenn man behauptet, »Gott befinde sich jenseits des Gegensatzes von Gut und Böse«, bedeutet das nicht, dass es für Gott das Böse als solches nicht gäbe, sondern dass Gott die Dinge in jeder sie betreffenden Hinsicht sieht und dass demzufolge das Böse für Gott nur eine bruchstückhafte, vorübergehende und ganz äußerliche Seite eines es aufwiegenden und schließlich vernichtenden Guten ist. Mit anderen Worten: Gott nimmt das

---

7 Man hat den platonischen Ideen vorgeworfen, nur bestimmte Erscheinungen zu berücksichtigen, dabei aber andere auszuschließen, und vor allem die bedingten Seiten der Dinge auszuschließen; ein ungerechtfertigter Vorwurf, denn jede erscheinungshafte Möglichkeit lässt sich hinsichtlich dessen, was an ihr wesentlich ist, auf eine urbildliche Wirklichkeit zurückverfolgen, sonst gäbe es Erscheinungen, die ganz unabhängig von jeglichem Grundsatz wären.

Böse nur in seinem metaphysisch unerlässlichen Zusammenhang wahr, in Verbindung einerseits mit dem Guten, dem
das Böse widerspricht und es dadurch hervortreten lässt, und
andererseits mit dem Guten, das es besiegen wird, weil: *vincit
omnia Veritas*.

Man hat im Bereich des Sufitums gesagt, dass Gott kein Bedürfnis zu lieben hat und dass er erst recht kein Bedürfnis nach
unserer Liebe hat; das klingt merkwürdig aufgrund der Mehrdeutigkeit des Wortes »Gott«, das *a priori* für die personifizierte
Gottheit gilt, wohingegen es in der angeführten Meinung ganz
offensichtlich um die über-persönliche Gottheit geht, die eben
kein Gesprächspartner für den Menschen ist. Dass das Über-
Sein der Wesenskern der Liebe ist, ändert nichts daran, hat doch
in der absoluten Wirklichkeit die Liebe kein Objekt außerhalb
ihrer selbst; anders gesagt ist die Polarität Subjekt-Objekt in
der Glückseligkeit überstiegen. Sagen wir genauer, dass wir für
das Über-Sein nicht da sind; nur »als Sein« erfasst das Absolute
unser Dasein.[8]

Gott nimmt das Böse nur in seinem metaphysisch unerlässlichen Zusammenhang wahr, haben wir gesagt; diese
»göttliche Sichtweise« – wenn eine derartige Ausdrucksweise
erlaubt ist – muss sich in der Seele des Menschen wiederholen,
und dies ist sogar die erste Bedingung des »Weges zurück«, von
dem wir weiter oben gesprochen haben. Weit entfernt davon,
sich in eine »waagerechte« Sichtweise einzuschließen und die
Dinge nur für sich genommen zu sehen und als ob sie das Absolute wären, verliert der »aufsteigende« Mensch nie jenen
»kategorisch imperativen« Bezugspunkt aus den Augen, der

---

8 Die große Schwierigkeit der monotheistischen Theologien besteht in
der tatsächlichen Verwechslung der beiden Ebenen. Es gibt keinen »Gott«,
der zugleich und in derselben Beziehung Sein und Über-Sein, Person und
Wesenheit, Gott und Gottheit, *Îshvara* und *Paramâtmâ* wäre; ein persönlicher
Wille ist eines, die All-Möglichkeit etwas anderes.

Gott ist: Er sieht die Dinge in ihrem göttlichen Zusammenhang, nicht durch eine beiläufige Bemühung, sondern durch eine tiefe innere Bereitschaft des Herzens. Daraus gehen für den Menschen alle Eigenschaften hervor, die dem Leben einen Sinn geben: Demut und Nächstenliebe, das heißt Selbsterkenntnis und Mitgefühl mit den anderen Menschen; Ergebung in den Willen des Himmels und Vertrauen in das göttliche Erbarmen, oder Furcht und Liebe. Oder auch: Die Erkenntnis des absolut Wirklichen zieht logischerweise die des verhältnismäßig Wirklichen nach sich, und damit auch die des Ich, daher die Tugend der Demut; genauso zieht die Vereinigung mit dem göttlichen Selbst die Vereinigung mit unserem Nächsten nach sich, und das ist die Tugend der Nächstenliebe.[9] So kommt es, dass Demut und Nächstenliebe –recht verstanden und recht ausgeübt – Prüfsteine der Aufrichtigkeit für die metaphysische Unterscheidungskraft einerseits und für die mystische Vereinigung andererseits sind.

Die geistige Alchemie des Menschen umfasst zwei Dimensionen oder zwei Phasen, die man mit »Lehre« und »Methode«, oder mit »Wahrheit« und »Weg« bezeichnen kann. Das erste Element tritt als göttliches Wort in Erscheinung und das zweite als menschliche Antwort; in diesem Sinne ist die Wahrheit ein Abstieg und der Weg ein Aufstieg.

Kehren wir nun zu unserem Ausgangspunkt zurück. *Âtmâ* ist *Mâyâ* geworden, auf dass *Mâyâ Âtmâ* werde:[10] Der Grund

---

9 »Was ihr getan habt einem von diesen meinen geringsten Brüdern, das habt ihr mir getan«. Das göttliche Selbst wohnt subjektiv uns selbst inne und objektiv den anderen; objektiv von unserem Standpunkt aus, aber subjektiv von ihrem aus, denn sie sind genauso »Ich«, wie wir es sind.

10 Wir umschreiben hier in vedantischer Ausdrucksweise die berühmte Formel des heiligen Irenäus, welche die Wechselbeziehung zwischen Gott

dafür ist, dass die göttliche All-Möglichkeit, welche mit der Unendlichkeit übereinstimmt, für Gott die Möglichkeit mit sich bringt, »von außen« und ausgehend von einem »anderen als er« erkannt zu werden; dies ist der ganze Sinn der Schöpfung des Menschen und sogar der Schöpfung insgesamt. Das Höchste Gut fächert sich auf der Ebene des Seins auf, und die sich daraus ergebenden Eigenschaften treten nach außen; ohne ein sich selbst zur Verhältnismäßigkeit machendes Absolutes gäbe es die Welt nicht.

Die kosmogonische Vergegenständlichung entfernt zwar von Gott, aber im Sinne einer *felix culpa*; die Bibel bestätigt das: »Und Gott sah an alles, was er gemacht hatte, und siehe, es war sehr gut«. In der Sprache des Buddhismus: »Mögen alle Lebewesen glücklich sein«; das heißt, jenseits der Kreisläufe des Daseins ist das letzte Wort die Glückseligkeit, welche mit dem Sein übereinstimmt und damit auch mit dem Wesenskern all dessen, was ist.

und Mensch und dadurch auch den kosmogonischen Kreislauf zum Ausdruck bringt. Für den menschlichen Mikrokosmos mündet dieser Kreislauf in das Paradies; für den Makrokosmos – den »allheitlichen Menschen« (*al-Insân al-Kâmil*) der Sufis – mündet er in die Apokatastasis.

Das Spiel der Masken

Wenn man die Menschheit vom Gesichtspunkt ihrer Werte aus betrachtet, muss man *a priori* zwischen dem im Zentrum befindlichen Menschen unterscheiden, der durch den Intellekt bestimmt ist und der aufgrund dessen im Unwandelbaren verwurzelt ist, und dem in der Randzone befindlichen Menschen, der mehr oder weniger ein Zufall ist. Dieser Unterschied wiederholt sich – *mutatis mutandis* – in jedem Menschen, der sich des Übernatürlichen bewusst ist, sei es, dass er zur ersten Gruppe gehört oder zur zweiten; ohne dieses Bewusstsein gibt es weder echte Zentralität noch folglich einen entschiedenen Wert. Dies ist der Sinn der eckhartschen Unterscheidung zwischen »innerem Menschen« und »äußerem Menschen«: Dieser setzt sich passiv mit seinen Erfahrungen gleich, wohingegen jener sein zeitliches Menschsein genießen oder erleiden mag und dabei unbewegt bleibt in seinem unsterblichen Kern, der mit seinem Zustand der Vereinigung mit Gott übereinstimmt. Die Möglichkeit eines derartigen Nebeneinanders liegt in der Natur des Menschen, und hierin besteht das Wesen des Begriffs *Avatâra*; in dieser Hinsicht ist – analog gesprochen und bei Wahrung aller Größenverhältnisse – jeder »Pneumatiker« »wahrer Mensch und wahrer Gott«. Der tiefer liegende Wesenskern schafft die menschliche Maske nicht ab, genauso wenig wie diese die göttliche Kundgabe behindert.[1]

Man hat gesagt, dass es heiligmäßige Menschen gibt, die »sich mit den Fröhlichen freuen und mit den Weinenden weinen«; dies ist eine Art und Weise, mittelbar die Losgelöstheit

---

1 Auf die Maske beziehen sich die Spiele Krishnas mit den *Gopis*; auf den göttlichen Wesenskern die Erscheinung seiner unwandelbaren Gestalt vor Arjuna. Diese in *Mâyâ* gespiegelte Gestalt wird ihrerseits zahllose Masken annehmen, nicht irdische, sondern himmlische.

und unmittelbar das Wohlwollen des »pneumatischen« oder »von der Mitte bestimmten« Menschen auszudrücken. Losgelöst ist er, weil er sich nicht mit Beiläufigem gleichsetzt; und wohlwollend, weil er ebendeshalb nicht ichbezogen und kleinherzig sein kann; seine Überlegenheit stellt ihn aber vor Anpassungsprobleme, denn einerseits muss er am menschlichen Umfeld teilnehmen, und andererseits kann er dessen ganze Unsinnigkeit nicht auf Anhieb begreifen.[2] Der von der Mitte bestimmte Mensch befindet sich in einer Lage des Alleinseins, unter der er als »Außenstehender« leiden muss: Da er empfindet, dass jeder Mensch in gewisser Weise das ist, was er selbst ist, versetzt er sich aufrichtig an dessen Stelle, die anderen sind aber weit davon entfernt, sich an seine Stelle zu versetzen. Im Übrigen können die Handlungsweisen des von der Mitte bestimmten Menschen »amoralisch« sein, nicht aber »unmoralisch«: Sie können im Gegensatz zu »einer bestimmten Moral« stehen, nicht aber zur »Moral als solcher«, das heißt, man sollte zwischen einer »Gerechtigkeit« unterscheiden, die von außen bestimmt und an Bedingungen geknüpft ist, und einer anderen, die von innen bestimmt und an keine Bedingungen geknüpft ist.

Von einem anderen Standpunkt aus und ganz allgemein muss man offensichtlich einen Unterschied machen zwischen

---

2 Shakespeare zeigt uns im »Hamlet« das Bild eines beschaulichen, aber verträumten und leidenschaftlichen Menschen: In ersterer Hinsicht bleibt der Held ein Fremder für die Unsinnigkeit der Welt; in letzterer Hinsicht gerät er selbst in das Räderwerk dieser Ungereimtheit. – Stellen wir fest, dass sich das Werk eines Dramatikers zwangsläufig auf jene kosmische Erscheinung bezieht, welche die zahllosen Masken darstellen, die die menschliche Person auffächern; dies sind natürliche Masken, die sich nicht bewusst sind, Masken zu sein, während ein Schauspieler sich ihrer bewusst ist und ebendadurch den tieferen Sinn seiner Verwandlungskunst »verwirklichen« kann. – Der Kaiser Augustus, der bereits zu Lebzeiten als Gott verehrt wurde, soll vor dem Sterben gesagt haben: »Klatscht mir Beifall, habe ich die Komödie des Lebens nicht gut gespielt?« Dies zeigt auf seine Weise den Abstand des »Pneumatikers« vom »Psychiker« und vom »Hyliker« an.

der Maske aus Nächstenliebe und der aus Böswilligkeit; diese ist unehrlich, jene ist ehrlich. In der Alltagssprache ist das Wort »Maske« gleichbedeutend mit »falschem Anschein«, also mit Unehrlichkeit; dies ist vom Standpunkt der gewöhnlichen Psychologie einleuchtend, es bedeutet aber, aus dem Blick zu verlieren, dass es geheiligte Masken und priesterliche Gewänder gibt, die entweder das ausdrücken, was den Träger übersteigt, oder die im Gegenteil seinen alles übersteigenden Wesenskern selbst ausdrücken. So kommt es übrigens, dass die geschichtliche Religion, die ein *Upâya* ist, als Kleidungsstück für die »nackte Wahrheit« dient, die ursprüngliche, immerwährende und allheitliche Religion; die Sinnbildlichkeit übermittelt die himmlische Botschaft und verbirgt dabei gleichzeitig das vorläufig nicht erfassbare Mysterium.

Es gibt, zumindest grundsätzlich, einen Unterschied in der Wirksamkeit zwischen dem Schleier und der Maske: Diese ist in dem Sinne bejahend, dass sie ausdrückt, dass sie behauptet, dass sie bekundet, wohingegen jener verneinend ist, weil er verbirgt und dadurch unzugänglich macht. Wir könnten auch sagen, dass man durch den Schleier »als weniger erscheinen möchte, als man ist«, weil man »verschwinden« möchte; durch die Maske dagegen möchte man »als mehr erscheinen, als man ist«, weil man etwas ausdrücken will, was man nicht ist, es sei denn, die Maske dient dazu, das »Herz« des Trägers zu bekunden und so einen persönlichen – in Wirklichkeit aber überpersönlichen – Wert darzustellen, der andernfalls unsichtbar bliebe. Es gibt jedoch Fälle, in denen die Weisheit den Anschein der Einfalt – ja sogar der Sinnwidrigkeit – annimmt, sei es unabsichtlich aus Mangel an Erfahrung in einem niederen Umfeld,[3] sei es absichtlich aufgrund einer Berufung, die Weisheit

---

3 Jedoch: »Wer das Größere kann, kann auch das Geringere«; das ist offenkundig, setzt aber voraus, dass das Umfeld verständlich ist für den höher stehenden Menschen, der sich dort befindet, denn möglicherweise versteht er

zu verbergen und das großtuerische Paradoxon zu bekunden;[4] diese Möglichkeit kann nicht aus der Gesamtheit der menschlichen Einstellungen ausgeschlossen werden, und erst recht nicht aus der göttlichen All-Möglichkeit.

Wir haben weiter oben das Alleinsein des von der Mitte bestimmten Menschen angesichts der Unsinnigkeit der Welt erwähnt; nun könnte die Tatsache, dass seine Verhaltensweisen möglicherweise dieselben sind wie die des in der Randzone befindlichen Menschen, den Eindruck einer Verbundenheit mit dem weltlichen Umfeld erwecken; dies ist aber ein trügerischer Anschein, können doch ähnliche Handlungsweisen unähnliche Absichten verbergen. Abgesehen davon, dass der höherstehende Mensch in Erscheinung treten kann »wie die anderen«, eben um seine Überlegenheit zu verbergen – sei es aus Nächstenliebe, sei es aus »Selbsterhaltungstrieb« –, ist der folgende wesentliche Punkt zu beachten: Beim beschaulichen Menschen bläst das Vergnügen nicht die Individualität auf, es lädt im Gegenteil zu einer die Person übersteigenden Erweiterung ein, sodass die »sinnliche Tröstung« zu einer Öffnung nach oben und nicht zu einer Aufgeblasenheit nach unten führt.[5] Eine ähnliche Gnade

den psychologischen Ablauf einer bestimmten Sünde oder eines bestimmten Lasters nicht; er kommt von einem »anderen Planeten« und trägt ihn im Übrigen in sich.

4 Man könnte hier die Namen von Diogenes und Omar Khayyâm anführen, vielleicht sogar die von Hodscha Nasreddin und Till Eulenspiegel. Die Hofnarren gehören grundsätzlich in die gleiche zumindest mehrdeutige Gruppe, genauso wie die Heyoka bei den Rothäuten, ohne die »Gottesnarren« zu vergessen, denen man in verschiedenen religiösen Umfeldern begegnet.

5 Das grundsätzlich zweideutige Gepräge des Vergnügens tritt besonders offenkundig in der Musik in Erscheinung, die in zwei entgegengesetzte Richtungen hin berauscht, in die Eigenliebe und in den Sinn für das Unendliche; sie vermag zur Ichbezogenheit ebenso einzuladen wie zum beschaulichen Über-sich-selbst-Hinauswachsen. – Meister Eckhart hat

widerfährt im Übrigen jedem aufrichtigen Gläubigen, wenn er an das Vergnügen »im Namen Gottes« herangeht und wenn er sich so dem göttlichen Erbarmen öffnet: Er »lädt Gott ein« und sucht zugleich Zuflucht bei ihm.

Von außen gesehen – in Anbetracht der menschlichen Schwäche – mag das sittliche Richtmaß »gegen die Natur verstoßen«; in Wirklichkeit kann das nicht so sein. »Sie haben keinen Wein mehr«, sprach Maria bei der Hochzeit zu Kana, mit einer Zielrichtung, die nicht auf das »Fleisch« beschränkt sein konnte, genauso wenig wie die Sinnbildlichkeit des Hohen Liedes oder des *Gîtagovinda*. Askese ist nützlich oder notwendig für den Menschen, so wie er tatsächlich ist – für den aus dem irdischen und himmlischen Paradies ausgeschlossenen Menschen –, die asketische Sichtweise kann deswegen aber nicht den Alleinbesitz der umfassenden Wahrheit und folglich auch nicht den der Rechtmäßigkeit schlechthin für sich beanspruchen. Die Vertreter einer argwöhnischen Asketik übersehen gerne, dass es »Reisigbündel gibt und Reisigbündel«, wie Molière sagte: Zweifellos ist jedes Vergnügen eine Freude, daraus folgt aber nicht, dass jede Freude ein Vergnügen ist, sonst wäre jede Eheschließung, einschließlich der Hochzeit von Kana, etwas nicht ernst zu Nehmendes.

Zu Gott führen nicht nur Wahrheit, Verdienst und Opfer, sondern auch die Schönheit; die Schöpfung selbst zeugt davon, dann die heilige Kunst einschließlich der Liturgie, der Formen der Anbetung. Von Gott entfernen nicht nur Irrtum, Verbrechen und Wollust, sondern auch die Hässlichkeit; nicht

---

irgendwo geschrieben, dass für tief mit Gott vereinigte Seelen jedes Essen eine sakramentale Tragweite hat, was, im Maße seiner Wirksamkeit, den Mechanismus des leidenschaftsbestimmten Versagens ausschließt, gleich ob der Betreffende Einsiedler ist oder in Mehrehe lebt. »Wasser nimmt die Farbe seines Gefäßes an«, hat *al-Junayd* gesagt, was mit einschließt, dass das Vergnügen die Natur des Menschen annimmt, der sich an ihm erfreut; anders gesagt bestimmt die Natur des Subjekts die Beziehung des Subjekts zum Objekt.

wenn sie beiläufig auftritt, denn dann ist sie neutral,[6] sondern wenn sie gewollt und eigens hervorgebracht ist, wie es in jenem All organisierter und trostloser Hässlichkeit der Fall ist, welches die moderne Welt ist. Überdies ist das Laster eine Form der Hässlichkeit, so wie die Tugend eine Form der Schönheit ist; »du bist schön, ganz wunderschön, meine Freundin, und kein Makel ist an dir«.

Die Gottförmigkeit des Menschen schließt die sittliche Schönheit mit ein, und sei es – *de facto* – nur der Möglichkeit nach. Der Pneumatiker ist der Mensch, der sich *a priori* mit seinem geistigen Wesenskern gleichsetzt und der sich selbst folglich immer treu bleibt; er ist nicht eine Maske, die nichts von ihrem Träger weiß, so wie es der in das Beiläufige eingeschlossene Mensch ist.

Jîvâtmâ, die »lebendige Seele«, ist das maskenhafte Individuum, das sich auf trügerische Weise und in unzähligen Formen *Âtmâ* überlagert, dem einen »Selbst«. Nun setzt sich das Individuum als solches mit der Bedingtheit gleich und ist deshalb dem Gesetz der Begrenzung und der Schwankung unterworfen; Begrenzung, weil keine formhafte Vollkommenheit alle anderen Vollkommenheiten einzuschließen vermag, und Schwankung, weil die zeitliche Kundgabe Phasen oder Wechseln unterworfen ist – nämlich dem Tätigsein und dem Erdulden –, was nichts von der Vollkommenheit an sich wegnimmt, sie aber doch entstellen kann. Die Phase des Tätigseins begünstigt die natürliche Freiheit des Menschen; in der Phase des Erduldens wird der Mensch verwundbarer bezüglich seiner

---

6 Und neutralisiert durch ein von Schönheit geprägtes Umfeld; dies ist in gewisser Hinsicht der Sinn der Wasserspeier an Kathedralen. Andererseits wirft man einem Menschen nicht vor, hässlich zu sein, man kann ihm aber die Hässlichkeit seiner Ausdrucksweise vorwerfen.

Umgebung und auch seiner eigenen Schwächen, gleich ob diese
zu seinem Wesenskern gehören oder nur äußerlich sind; mit
einem Wort: Die Bedingtheit besteht aus Ungleichheit hinsichtlich der Zeit sowie des Raumes, ohne dass dies – das muss betont werden – notwendigerweise echte Unvollkommenheiten
nach sich ziehen müsste.[7] Sagen wir noch genauer, dass es nicht
nur die zeitliche Schwankung zwischen tätigen und duldenden
Phasen gibt, sondern auch das gewissermaßen räumliche Un-
gleichgewicht zwischen der äußeren und der inneren Dimension
des Menschen; das Ideal besteht einerseits im Sieg des geistigen
Tätigseins über die duldende Phase und andererseits im Sieg
der geistigen Innerlichkeit über die äußerliche Dimension.

Auf das Problem des Gleichgewichts beziehen sich namentlich die Reibungen zwischen der veräußerlichenden oder kundgebenden Funktion und der verinnerlichenden oder wieder-
eingliedernden Funktion: Es gibt Weise, die nur die Aufgabe
haben, Seelen nach »innen« zu ziehen, und das ist die Regel; es
gibt andere, die dieser Aufgabe jene andere Aufgabe hinzufügen, sinnenhafte Unterstützungen bereitzustellen, und das ist
die Ausnahme; das offenkundigste Beispiel hierfür ist der
»Kulturheros«, der eine Zivilisation oder eine kulturelle Epoche
einleitet.[8] Die folgende Unterscheidung ist wesentlich: Es gibt
einen Umgang mit dem Äußeren, der diesseitig ist und einer
Entscheidung für die »Welt« gegen den Geist gleichkommt; es
gibt einen anderen, der geistig ist und dessen Ziel die

---

7 Dies erklärt die Zustände der »Dürre« oder der »Trockenheit«, unter
denen Mystiker leiden können; in diesen Zuständen sind sie besonders Ver-
suchungen oder inneren Prüfungen ausgesetzt.

8 Der heilige Lukas hat durch das Malen der ersten Ikone der Heiligen
Jungfrau die Malerei in das Christentum eingeführt und hat die ganze künst-
lerische Dimension dieser Religion geschaffen, die sich in der morgen-
ländischen Kirche gehalten hat. In ähnlicher Weise hat Jalâluddîn Rûmî die
Musik und den Tanz in das Sufitum eingeführt, nicht als Erfindung, wohlver-
standen, sondern aufgrund einer Eingebung.

Verinnerlichung ist, der Weg zum »Reich Gottes«; für jeden Menschen, der nur ein geringes Maß an Geistigkeit besitzt, ist der Prüfstein der Ausgewogenheit von Äußerem und Innerem das Überwiegen des Pols der inneren Anziehung. Der »Mensch des Gebets« ist in der Lage zu ermessen, was er seiner Umwelt bieten kann und was er von ihr annehmen kann, ohne sich zu verzetteln und ohne seiner Berufung zur Innerlichkeit untreu zu sein; nichts sollte zum Nachteil unserer Beziehung zum innewohnenden Himmel sein. Nur diejenigen, die sich Gott hingeben, können wissen, wozu sie das Recht oder die Pflicht haben, der Welt etwas zu geben und etwas von ihr zu empfangen.

Außer der Begrenzung, der Schwankung und der Unausgewogenheit gibt es die Unbeständigkeit, welche die zeitliche Begrenzung ist; in ein und demselben Leben gehen die Kindheit, die Jugend und die Zeit der Reife vorüber, so wie das Leben selbst.[9] In der Regel bilden Jugend und Reifezeit die Kundgabe des Urbildes oder der »Idee«, denn Kindheit und Alter tragen beide einen gewissen Mangel an sich: Das Kind »ist noch nicht«, der Greis »ist nicht mehr.« Wie dem auch sei, der Gipfel der individuellen Kundgabe befindet sich nicht immer in der Jugend oder in der Reifezeit: Bestimmte Individuen bekunden ihre besten Möglichkeiten in der Kindheit und verhärten sich dann oder werden undurchlässig, andere bekunden sie nur im Alter. Es kann freilich vorkommen, dass ein Gipfel der Kundgabe in der Reifezeit eine solche im Alter nicht verhindert: Der *Avatâra*, ein zwangsläufig in jeder Hinsicht vollkommener Mensch, bekundet notwendigerweise die Vollkommenheit eines jeden Alters; dies ist gleichermaßen möglich für Menschen weniger gehobener Rangstufe und sogar für

---

9 »Denn alles, was entsteht, ist wert, dass es zugrunde geht«, sagt Goethe in seinem Faust, in dem er übrigens die zerstörerische Funktion Gottes mit der ätzenden Funktion des Teufels verwechselt; der Satz drückt gleichwohl eine gewisse »Logik« aus, die der geschöpflichen *Mâyâ* innewohnt.

Individuen mit geringerer Begabung, die aber gleichwohl von himmlischem Wohlwollen gekennzeichnet sind.

❋

»Der Gerechte sündigt siebenmal am Tag«: Dieser Widerspruch in sich hat die Aufgabe, begreiflich zu machen, dass Vollkommenheit in dieser irdischen Welt nicht absolut sein kann, es sei denn im Sinne der »verhältnismäßigen Absolutheit«; ohne diesen Vorbehalt könnte man auf den Begriff der Vollkommenheit verzichten. Gemäß der muslimischen Esoterik »ist keine Sünde mit der des Daseins vergleichbar«; daher bittet der Sufi morgens und abends Gott um Vergebung, ohne sich möglicherweise etwas Bösem bewusst zu sein;[10] er klagt sich an, weil er da ist. »Was nennst du mich gut?«, sagte Christus; »niemand ist gut als der eine Gott«; was ganz offensichtlich nicht bedeuten kann, dass es beim vergöttlichten Menschen auch nur den geringsten Makel gibt.

Wenn der Mensch einerseits Begrenzungen, Dimensionen und Phasen unterliegt – was zum großen Teil seiner Verbindung mit der Materie geschuldet ist –, kann er andererseits von Grund auf gut oder von Grund auf böse sein, je nach seinem individuellen Wesenskern, der seinerseits dem Spiel der All-Möglichkeit untersteht; es sind die Möglichkeiten, die sein »wollen«, was sie sind, es ist nicht Gott, der es ihnen auferlegt. Und das hat nichts mit den allgemeinen Erscheinungsweisen der Bedingtheit wie Raum und Zeit zu tun; der unmittelbare Grund für den Charakter einer Person liegt weder in der Materie noch in anderen äußeren Faktoren, sondern im Geist

---

10 Wenn David der Ansicht ist, dass »meiner Sünden ... mehr sind als Haare auf meinem Haupt«, dann deshalb, weil er als semitischer Fideist und Moralist – nicht als »Philosoph« wie die arischen Griechen und Hindus – sein objektives Bewusstsein um die Missklänge der Verhältnismäßigkeit »subjektiviert«.

im individuellen Sinne dieses Wortes. Die Guten bekunden gute Eigenschaften, die Bösen bekunden dagegen Mängel; die einen wie die anderen unterliegen aber den Wechselfällen des Daseins.

Die Verbindung von grundlegenden Charakteren und Erscheinungsweisen der irdischen Bedingtheit führt zu einer unbegrenzten Mannigfaltigkeit von Typen und Schicksalen;[11] daraus werden die Relativisten den Schluss ziehen, dass nichts gut oder böse in sich ist, dass es nur »mehr« oder »weniger« gibt, was offensichtlicher Unsinn ist. Es bedeutet, eine – scheinbar sinnwidrige, aber metaphysisch wesentliche – Unterscheidung zu übersehen, auf die wir weiter oben hingewiesen haben, nämlich die zwischen dem »reinen Absoluten« und dem »verhältnismäßig Absoluten«: Ersteres ist das Gute als solches, und Letzteres ist das Gute durch Teilhabe oder das »in den Stoff des Bösen ausgestrahlte« Gute, wenn man so sagen kann.[12]

Wir haben oben gesagt, dass sich die Begrenzungen, Dimensionen und die Phasen, die den Menschen beherrschen, möglicherweise aus seiner Verbindung mit der Materie ergeben; tatsächlich beherrschen sie nur das Körperliche und das Seelische und nicht das Erkenntnisvermögen als solches; *corpus* und *anima* und nicht *spiritus*. Körper und Seele sind zwei den Geist überlagernde Masken, der seinerseits in seinem

---

11 »Wer will, kann nicht; wer kann, will nicht; wer weiß, handelt nicht; wer handelt, weiß nicht; und so steht es schlecht um die Welt« (*Chi vuo, non puo; chi puo, non vuo; chi sa, non fa; chi fa, non sa; e così il mondo mal va*). Dieser italienische Satz fasst in der Art eines Sprichwortes auf seine Weise sehr gut das Elend der »menschlichen Komödie« und *ipso facto* das der irdischen Bedingtheit zusammen.

12 Der Begriff des »verhältnismäßig Absoluten« kann nicht bedeuten, dass es ein »absolut Verhältnismäßiges« gibt, denn dieser Ausdruck ist – abgesehen von seiner inneren Sinnwidrigkeit – praktisch mit dem »Nichts« gleichbedeutend.

Wesenskern unbegrenzt und unwandelbar bleibt; was uns wieder zum eckhartschen Begriff des »inneren Menschen« bringt.

Vielleicht könnten wir an dieser Stelle eine Überlegung hinzufügen, die, ohne einen unmittelbaren Bezug zu unserem Thema zu haben, gleichwohl mit ihm zu tun hat. Einer hinduistischen Ausdrucksweise zufolge »ist allein der Herr der Seelenwanderer«, das heißt, er geht von Geburt zu Geburt durch die Kette der Welten; was wahr ist im Sinne des *Lîlâ*, des »göttlichen Spiels«, nicht aber, wenn man daraus folgert, dass die Individuen auf ihrer eigenen Ebene nicht wirklich und nicht verantwortlich seien für ihre Taten.[13]

Unsere tiefe Identität ist unsere Beziehung zu Gott; unsere Maske ist die Form, die wir annehmen müssen in der Welt der Formen, der Welt von Raum und Zeit. Unser Umfeld gehört, ebenso wie unsere Persönlichkeit, zwangsläufig zum Besonderen, nicht zum Allgemeinen; zum möglichen Sein, nicht zum notwendigen Sein; zum verhältnismäßig Guten, nicht zum Höchsten Gut. Es besteht daher kein Grund, sich zu sorgen, weil man in einem bestimmten Umfeld lebt und nicht in einem anderen; und es besteht erst recht kein Grund, sich zu sorgen, weil man ein bestimmtes Individuum ist und kein anderes. Da man eine Person ist – sonst wäre man nicht –, muss man eine gesonderte Person sein, das heißt, eine »bestimmte Person« und nicht die »Person als solche«; diese befindet sich nur in

---

13 Man sollte nicht aus dem Blick verlieren, dass sie der Seelenwanderung als Folge ihrer Taten unterliegen, und dass die immanente Seelenwanderung des Herrn zur onto-kosmologischen Dimension gehört und nicht zu den entsprechenden Aktionen und Reaktionen. Vgl. das Kapitel *Allgemeine Eschatologie* in unserem Buch *Metaphysik und Esoterik im Überblick*.

der Welt der göttlichen Ideen, und eine »bestimmte Person« ist deren Widerspiegelung im Bereich des Bedingten.

Worauf es ankommt, ist, ausgehend vom möglichen Sein, die Verbindung mit dem notwendigen Sein zu halten; mit dem Höchsten Gut, das der Wesensgehalt unserer verhältnismäßigen Werte ist, und dessen barmherzige Natur den Wunsch umfasst, uns vor uns selbst zu retten; uns zu befreien, indem es uns an seinem zugleich unwandelbaren und lebendigen Mysterium teilhaben lässt.

Ex nihilo, in Deo

In dem Ausdruck *creatio ex nihilo* bestimmt das Wort *nihil* den Sinn des Wortes *ex*: Dieses Wort setzt also, anders als es normalerweise der Fall ist, nicht einen Stoff oder ein Behältnis voraus, es weist einfach nur auf die grundsätzliche Möglichkeit hin – die das Wort *nihil* unverkennbar in Bezug auf die Schöpfung bestreitet –, etwa so, wie das Wort »mit« auf ein mögliches Objekt hinweist, sogar in dem Ausdruck »mit nichts«, der tatsächlich »ohne Objekt« bedeutet. Es gibt somit keinen Grund, der betreffenden theologischen Formulierung vorzuhalten, sie lege einen außergöttlichen Stoff und damit einen grundlegenden Dualismus nahe;[1] dies wäre ein Spiel mit Worten und würde die kleinen Widrigkeiten der Sprache zu ernst nehmen.

Ganz offensichtlich »entstammt« – das ist der Sinn des Wortes *ex* – die Schöpfung einem Ursprung; nicht einem kosmischen, und damit »geschaffenen« Stoff, sondern einer zum Schöpfer gehörenden Wirklichkeit, und in diesem Sinne – und nur in diesem Sinne – kann man sagen, dass die Schöpfung sich in Gott befindet. Sie befindet sich in ihm in Bezug auf das seinsmäßige Innewohnen: Jedes Ding ist nämlich einerseits im Sein – sonst wäre es nicht vorhanden – und andererseits in einem bestimmten Urbild oder einer bestimmten »Idee« »enthalten«; der göttliche »Inhalt« ist *ipso facto* auch das »Behältnis«, und er ist es sogar *a priori*, da ja Gott die Wirklichkeit an sich ist. Die Dinge befinden sich aber »außerhalb von Gott« – alle heiligen Schriften bezeugen das – in Bezug auf das Bedingte, also die konkreten Erscheinungen der Welt; das Höchste Gut kann nicht das Behältnis jenes von Mängeln behafteten Daseins

1 Gott schuf Adam »aus Erde«, diese aber, und mit ihr Adam, wurde *ex nihilo* geschaffen.

– oder jenes Abgrundes an Bedingtheit – sein, welches das Übel ist. Das seinsmäßige und damit »neutrale« Gefüge des Übels ist »in Gott«, nicht aber das Übel als solches; anders gesagt sind die mit Mängeln behafteten und widersetzlichen Möglichkeiten nur insofern *in Deo*, als sie das Sein und damit die All-Möglichkeit bezeugen, nicht aber durch ihre verneinenden Inhalte, die paradoxerweise das Nicht-Daseiende oder das Unmögliche kundtun, also, wenn man so will, das Sinnwidrige.

Man könnte einwenden, dass wir durch die Zuordnung einer Dimension der Welt zu einem Bereich außerhalb von Gott einen nicht aufhebbaren Dualismus postulieren würden; das tun wir tatsächlich, er befindet sich aber auf der Ebene der All-Verhältnismäßigkeit – der kosmischen *Mâyâ* –,[2] die definitionsgemäß mit der Zweiheit zusammenfällt. Die Sinnwidrigkeit der »beiden Wirklichkeiten« ist gerade das Mysterium der Verhältnismäßigkeit; es ist die Möglichkeit von »etwas anderem als Gott«; zu sagen, es gebe Dinge »außerhalb von Gott«, bedeutet, dass sie »innerhalb von *Mâyâ*« sind. Dieses »außerhalb von Gott« zu unterdrücken – indem man behauptet, »alles sei in Gott, und zwar in jeder Beziehung « –, heißt, *Mâyâ* zu unterdrücken, das Mysterium der Unendlichkeit und des »göttlichen Paradoxons«.

Einige haben in der Absicht, das Problem des Übels zu lösen, behauptet, für Gott gebe es kein Übel, für ihn sei folglich alles ein Gut, was unzulässig und anstößig ist. Was man sagen sollte, ist, dass Gott Bekundungen des Mangels nur in Verbindung mit den sie ausgleichenden bejahenden Bekundungen in Betracht zieht; das Übel ist dann ein vorübergehender Faktor im Hinblick auf ein größeres Gut, auf einen »Sieg der Wahrheit«; *vincit omnia Veritas*.

---

2 Nicht der metakosmischen oder göttlichen *Mâyâ*, die dem reinen Sein, dem persönlichen Gott, dem Schöpfer gleicht.

Auf der höchsten Stufe der Wirklichkeit – *Âtmâ* oder *Brahma* –»gibt es« keine *Mâyâ*, sie »ist nicht vorhanden«; die Frage der Zweiheiten, der Gegensätze, von Gut und Böse kann sich folglich nicht stellen. Auf der Stufe der metakosmischen *Mâyâ* werden einander ergänzende Gegensätze erkennbar – Gott ist zugleich Strenge und Milde, Gerechtigkeit und Erbarmen, Macht und Schönheit –, Bedingtheit und mit ihr das Übel fehlen aber noch; nur auf der Stufe der kosmischen *Mâyâ* – jenem sich ständig wandelnden Gewebe aus Umständen und Antinomien – können »daseinsmäßige Mängel« auftreten, gleichzeitig »in Gott« und »außerhalb von Gott«: »in Gott« in dem Sinne, dass alles, was möglich ist, zwangsläufig in den Bereich der All-Möglichkeit fällt, und »außerhalb von Gott«, weil das Höchste Gut nur die urbildlichen Möglichkeiten enthalten kann, die naturgemäß bejahend sind, da sie ja die Möglichkeiten des reinen Seins beschreiben.

Im Folgenden wollen wir nicht unnötigerweise an ein Axiom erinnern, über das kein Metaphysiker hinweggehen kann; unsere Absicht ist es einfach, die Aufmerksamkeit auf zwei unterschiedliche, aber einander ergänzende Abgrenzungen des »Raumes« von *Âtmâ* und *Mâyâ* zu lenken, was bestimmte Wiederholungen unvermeidlich macht.

Man weiß, dass es zwei »seinsmäßige Bereiche« gibt, das Absolute und das Verhältnismäßige; Ersteres besteht aus dem Über-Sein, und Letzteres aus der Gesamtheit von Sein und Dasein, von Schöpfer und Schöpfung. Es gibt aber noch eine weitere mögliche Aufteilung der gleichen Wirklichkeiten, das heißt, wir können zwei andere »Bereiche« betrachten, nämlich das Ursätzliche und das Kundgegebene; die erste Kategorie umfasst das Über-Sein und das Sein – es ist die »göttliche Ordnung« –, und die zweite das Dasein, das All, die Welt. Das heißt, das

Sein stimmt nicht mit dem »reinen Absoluten« überein; es gehört zur göttlichen Ordnung als unmittelbare Widerspiegelung
des Absoluten im Verhältnismäßigen und ist folglich das, was
wir paradoxerweise das »verhältnismäßig Absolute« nennen
können. Wenn der persönliche Gott einfach das Absolute wäre,
könnte er kein Gesprächspartner für den Menschen sein.

Die Beziehung zwischen *Âtmâ* und *Mâyâ* wird mittelbar
– am äußersten Ende der kosmogonischen Flugbahn – durch
zwei neue »Bereiche« erkennbar, den himmlischen und den
irdischen; wir sagen »mittelbar«, weil die himmlische Welt
Âtmâ nur auf analoge Weise ist, in dem Sinne, dass sie die
Spiegelung des Urgrundes in der Kundgabe ist, was ihr, gegenüber der Welt der Unvollkommenheit und des Unbeständigen,
eine gewissermaßen göttliche Rolle verleiht. Auch stellen die
Mythologien gerne die »Himmel« als äußerste Grenze der göttlichen Ordnung und nicht als eine unter-göttliche Kategorie
dar; die Engel und die Erzengel der semitischen Kosmologien
erscheinen dann als »Götter« – als *Devas* –, die, ausgehend
von der göttlichen Vollkommenheit, die unvollkommene Welt
lenken.

Allein die himmlische oder engelhafte Mitte entgeht den
Brüchen und den Wechselfällen des kosmischen Randes –
der niedrigen *Mâyâ* oder des *Samsâra* –, ohne deswegen den
der Verhältnismäßigkeit eigenen Begrenzungen entgehen
zu können. Die folgende Unterscheidung ist wesentlich: Begrenzung ist nicht gleichbedeutend mit »Unvollkommenheit«;
die Kugel ist im Vergleich zum Raum begrenzt, sie ist aber
keineswegs unvollkommen, ganz im Gegenteil, da sie die voll-
kommenste mögliche Form ist. Als Christus sagte: »Niemand
ist gut als der eine Gott«, wollte er nicht feststellen, dass es den
Engeln und den Seligen an Gutheit mangele, sondern dass sich
allein der ursätzliche – also nicht-kundgegebene – Bereich

jenseits der Möglichkeit, und sei es nur der zufälligen, der Unvollkommenheit befinde.

»Unser Vater im Himmel«, sagte Christus und wies damit auf die beiden Pole der göttlichen Ordnung hin, nämlich auf Gott als Person und auf die himmlische Welt. »Geheiligt werde dein Name« und »dein Reich komme«: Der erste Satz erinnert an den Aufstieg der *Mâyâ* zu *Âtmâ*, den des Menschen zu Gott; und der zweite an den Abstieg von *Âtmâ* zu *Mâyâ*, von Gott zum Menschen; dies wird gleichermaßen – mit unterschiedlicher Betonung – durch die patristische Formel ausgedrückt: »Gott ist Mensch geworden, auf dass der Mensch Gott werde.« Die Essenz hat sich durch Form beschränkt, auf dass die Form sich durch die Essenz befreie: Der Daseinsgrund des Endlichen besteht nicht nur in der unterscheidenden und zahllosen Kundgabe des Unendlichen, sondern auch in jener Vollkommenheit oder jener Glückseligkeit, welche die Rückkehr zu ihm ist.

Jede seinsmäßige Stufe, haben wir gesagt, stellt einen Anblick entweder der Mitte oder des Randes dar, je nachdem ob ihr Zusammenhang hoch oder niedrig ist. Es gibt aber noch mehr: Jede Stufe besitzt in sich selbst diese beiden Anblicke, angefangen mit den »Dimensionen« der Absolutheit und der Unendlichkeit im Über-Sein; in ähnlicher Weise umfasst das Sein innere und äußere Eigenschaften, es ist »heilig« oder »weise« in seinem Wesen und »gerecht« oder »barmherzig« gegenüber der Schöpfung. Im Himmel kann man zwischen dem höchsten Engel – oder der Gesamtheit der Erzengel – und den anderen Engeln unterscheiden, denen sich die Seligen zugesellen; unterhalb des Himmels, im »Rad der Geburten und der Tode«, ist der unbewegte Beweger – wie Aristoteles sagen würde – nichts anderes als der Mensch, der, »geschaffen nach dem Bilde Gottes«, sich dem Absoluten und der Befreiung öffnet. Der Mensch stellt *ipso facto* das Unwandelbare und das Unbegrenzte dar, in dem Maße, wie es die äußerste Grenze der All-Kundgebung möglich macht; er stellt diese Eigenschaften der Möglichkeit nach, mittelbar und erduldend dar im Falle der gewöhnlichen Menschen, aber wirksam, unmittelbar und tätig bei jedem vergöttlichten Menschen; dieser steht in der Mitte, nicht nur – wie jeder Mensch – in Bezug auf die Welt der Tiere, sondern auch – auf besondere Weise und darüber hinaus – in Bezug auf die Menge der gewöhnlichen Menschen. Die »Gläubigen« sind wie die um Krishna herum tanzenden und sich mit ihm vereinigenden *Gopis*; während er – der »unbewegte Beweger« – die erlösende Flöte spielt.

Zu sagen, dass der vergöttlichte Mensch im Hinblick auf eine menschliche Gemeinschaft die Rolle des unbewegten Bewegers spielt, bedeutet einschlussweise, dass die Offenbarung, die Überlieferung, das göttliche Sinnbild oder das Heilige im Allgemeinen diesen Beweger darstellt. Wir möchten als Beispiel für das Sinnbild – oder für die Sinnbildlichkeit – das Umkreisen der Kaaba,[3] des Urheiligtums, erwähnen. In diesem Ritus ist die Bewegung kreisförmig wie der Umlauf der Planeten; ein anderes Beispiel ist der Sonnentanz um einen Baum herum, der die Achse vom Himmel zur Erde darstellt; die Bewegung vollzieht sich dann abwechselnd zur Mitte hin und von ihr weg, wie die Phasen der Atmung, was uns wieder zum Tanz der *Gopis* mit seinen zwei Elementen bringt, eben der Umkreisung und der Vereinigung. Das allheitliche Sinnbild des Rades verbindet diese beiden Arten der Teilhabe miteinander, die sich alles in allem auf zwei grundlegende Verhältnisse zwischen *Âtmâ* und *Mâyâ* beziehen, auf das Ähnliche und das Einende: auf die

---

3 Dieser Ritus ist viel älter als der Islam, weil er auf Abraham zurückgeht; ursprünglich waren die Teilnehmer nackt – wie die Inder und wie teilweise die *Gopis* –, was der Islam abgeändert hat, indem er die Halbnacktheit der Pilger einführte.

Kundgabe der zur Vielfalt führenden All-Möglichkeit und auf die Wiedereingliederung in die ursprüngliche Vereinigung.

Angesichts der Bedingtheit

Was uns glücklich macht, sind die Erscheinungen der Schönheit und der Gutheit und all die anderen Güter, die das Dasein sich vom reinen Sein entleiht; was ihnen Schatten hinzufügt, ist die Bedingtheit, der sie zwangsläufig unterstehen, eben weil sie da sind. Die Bedingtheit bewirkt nicht nur Begrenzungen aller Art und vor allem Unvollkommenheit und Unbeständigkeit, sondern stellt auch positiven Erscheinungen negative Erscheinungen gegenüber, und zwar notwendigerweise, da die All-Möglichkeit unendlich ist und folglich mit Mängeln behaftete Möglichkeiten nicht ausschließen kann; diese können nicht anders als sinnwidrig erscheinen, das ist aber letztlich ihr Daseinsgrund.

Wir befinden uns in der Bedingtheit, wir leben aber von den Widerspiegelungen des Unbedingten, sonst könnten wir nicht da sein. Wir leben in und durch jene wirkenden Kräfte der Bedingtheit, welche Raum, Zeit, Form, Zahl, Materie, Individualität sind; in diesem Rahmen ist alles, was wir lieben, unersetzlich, insoweit es himmlische Botschaft, Strahl des Unbedingten ist, gleichzeitig könnte alles aber auch anders sein, einschließlich unserer Persönlichkeit; das versetzt uns in eine Atmosphäre der Verhältnismäßigkeit, der Mehrdeutigkeit, der Unbestimmtheit und setzt uns Anfechtungen der Unsicherheit und der Undankbarkeit aus.[1] Weisheit besteht nicht nur darin, das Urbild durch die Form hindurch oder das Himmlische im

---

1 Die Tragödie Hamlets ist die eines *a priori* hochstehenden Menschen, der in der Bedingtheit versinkt – und sich in ihr einschließt – und so die Verbindung mit dem Unbedingten verliert; die durch seinen »Komplex« aus Pflicht und Rache geprägte Gemütsverfassung ist auf tragische Weise unvereinbar mit jener seiner Liebe zur engelhaften Ophelia, die ihn gerettet hätte, wenn er verstanden hätte, dass Liebe Vorrang vor Hass hat und überdies der Pflicht nicht entgegensteht. Man wird sich daran erinnern, dass Aristoteles

Irdischen zu sehen, sie besteht auch darin, sich mit der Bedingtheit abzufinden; wir müssen schließlich irgendjemand sein und uns irgendwo befinden, selbst wenn wir uns der Möglichkeit bewusst sind, ein anderer zu sein und uns anderswo zu befinden, kurz, die Erfahrung eines bestimmten Glücks in einer anderen Form zu machen.

Es gibt hier zwei geistige Haltungen oder zwei Grundtugenden, die zu verwirklichen sind, nämlich das Sich-Abfinden mit der Bedingtheit und die Aneignung der himmlischen Botschaft. Aneignung zunächst durch Dankbarkeit und dann durch Verinnerlichung; denn entscheidend ist es zu entdecken, dass wir seinsmäßig in uns selbst das tragen, was wir lieben und was letzten Endes unseren Daseinsgrund ausmacht. Die Unbestimmtheit – oder das Schwanken – der Bedingtheit kann uns nicht beunruhigen und nicht besiegen, wenn wir in uns selbst die Bedeutung der himmlischen Inhalte erfassen.

Genauso wie es eine Einsicht in grundsätzliche Wirklichkeiten gibt, die uns obliegt, weil wir ein Erkenntnisvermögen besitzen, genauso gibt es eine Einsicht in – ästhetische oder sittliche – formhafte Wirklichkeiten, die uns obliegt, weil wir eine Seele haben. Das heißt, metaphysisches Verständnis muss von einem Sinn für Schönheit auf allen Ebenen begleitet werden; umgekehrt gibt es keine Verinnerlichung des Schönen ohne eine gleichgeartete metaphysische Erkenntnis. »Die Schönheit ist der Glanz des Wahren«: Dies schließt ein, dass die Wahrheit, also die Wirklichkeit, das Wesen der Schönheit ist.

Die seinsmäßige Übereinstimmung zwischen dem Wahren und dem Schönen wirft die Frage auf, »warum« etwas als schön angesehen wird; gemäß den Subjektivisten ist es schön, weil

zufolge die Tragödie eine *Katharsis* ist, eine »Reinigung« durch den treffenden Blick auf das der menschlichen Sinnwidrigkeit geschuldete Elend.

es uns gefällt – was sinnwidrig ist –, während es in Wirklichkeit dem intelligenten und normalen Menschen gefällt, weil es schön ist, was gleichwohl keine Antwort auf die Frage ist, worin die Schönheit konkret besteht. Im Übrigen muss man wissen, was nicht nur die Schönheit als solche, sondern auch eine bestimmte Schönheit ausmacht; das heißt, alles, was harmonisch und bejahend ausdrucksvoll ist, ist schön zugleich in allgemeiner Hinsicht und in besonderer Hinsicht. Ganz allgemein teilt uns alles Schöne die Schönheit an sich mit, das heißt die Harmonie – oder die Glückseligkeit – des Höchsten Gutes; gleichzeitig und in besonderer Weise übermittelt es diese Harmonie gemäß einem bestimmten Anblick oder einer bestimmten Stufe der Bedingtheit, und zwar notwendigerweise, da die Wirkung nicht die Wesentlichkeit oder die Ganzheit der Ursache besitzen kann. Der menschliche Leib ist beispielsweise – in seiner vollkommenen und maßstabsetzenden Gestalt – nicht nur deshalb schön, weil er die *Âtmâ* eigene Dimension *Ânanda* ausdrückt, sondern überdies auch, weil er sie auf männliche Weise oder auf weibliche Weise[2] oder in der Sprache einer bestimmten Rasse ausdrückt; oder auch gemäß einer offensichtlich individuellen Möglichkeit; oder im Hinblick auf seine besondere Gestalt: Er drückt die Anpassung einer vollständigen – somit im Bewusstsein des Unbedingten verwurzelten – Subjektivität aus oder bekundet sie, eine Anpassung an eine bestimmte bedingte Umwelt, nämlich die irdische Welt mit ihren Kategorien, ihren Erfordernissen, ihren Möglichkeiten; diese Anpassung ist vollkommen, das heißt, sie entspricht der Natur des Seins, was ein zusätzliches Element der

---

2 Die Frau bekundet die Schönheit als solche, sodass es keine größere Schönheit gibt als die ihre, sofern die Bedingtheit sie nicht von ihrem Urmuster getrennt hat; auch kann man in der Schönheit als solcher Züge der Weiblichkeit, der duldenden Vollkommenheit, der jungfräulichen Reinheit, der mütterlichen Großherzigkeit erkennen, der Güte und der Liebe.

Schönheit bildet. Abgesehen von der Schönheit des Menschen gibt es natürlich auch die Schönheit der Tiere, der Pflanzen, der Mineralien; und von einem ganz anderen Standpunkt aus gibt es sichtbare, hörbare, gedankliche, seelische und noch andere Schönheiten.

Die Schönheit hat etwas Besänftigendes und etwas Weitendes, etwas Tröstliches und etwas Befreiendes, weil sie einen Kerngehalt an Wahrheit, an Offensichtlichkeit und an Gewissheit überträgt und weil sie das auf greifbare und lebenswichtige Weise tut; sie ist so gleichsam ein Spiegel unserer die Person übersteigenden und ewig seligen Wesenheit. Abgesehen davon ist es wichtig, nicht aus dem Blick zu verlieren, dass es bei der Gegenüberstellung der Bedingtheit und der himmlischen Inhalte, die sich in ihren Bereich vergegenständlichen und deren Träger sie ist, nicht nur um die Schönheit im eigentlichen Sinne – ästhetischer oder sittlicher Natur – geht, sondern es geht auch um jeden anderen Faktor, groß oder klein, der rechtmäßig zu unserem Glück beizutragen vermag; diese Inhalte beziehen sich immer auf unendlich verschiedene Weise auf die himmlische Harmonie, in welche die Bedingtheit keinerlei Mangel, keinerlei Missklang, keinerlei Sinnwidrigkeit hineintragen kann; wir haben grundsätzlich ein Anrecht auf diese Harmonie, weil sie das Richtmaß ist und weil sie in unserem eigenen Wesenskern wohnt. Und man könnte aus diesem Grunde bis zum Überdruss wiederholen, dass die Berufung und die Pflicht des Menschen darin besteht, das wieder zu werden, was er ist, indem er sich in sich selbst von den Schatten befreit, die in dieser bedingten, unvollkommenen und vorübergehenden Welt überhandnehmen.

Wenn man von irdischer Bedingtheit spricht, kann man nicht die Materie mit Stillschweigen übergehen, die in gewisser Hinsicht der Träger schlechthin dieser Bedingtheit ist: Wie die *Mâyâ* ist die Materie geistig durchscheinend, und sie vermag ein greifbarer Träger für himmlische Botschaften zu sein, sie kann aber auch ein Einlasstor zum Niedrigen sein, und sie hat sogar das Menschengeschlecht durch Unreinheit, Krankheit, Alter und Tod gefesselt, derart, dass ihr Bereich für den Menschen immer ein Land der Verbannung sein wird. Trotzdem muss man an dieser Stelle betonen, dass die Blumen des Paradieses immer in Reichweite sind; die Verbannung ist nur ein Traum, weil die Bedingtheit nur ein Schleier ist.

Diese Erwähnung der Materie gibt uns Gelegenheit, die folgende Bemerkung zum Thema des Materialismus einzufügen: Nichts ist widersprüchlicher, als den Geist oder einfach nur das seelische Element zugunsten der bloßen Materie zu leugnen, denn es ist der Geist, der leugnet, wohingegen die Materie leblos und unbewusst bleibt. Die Tatsache, dass die Materie gedacht werden kann, beweist, dass der Materialismus sich von Anfang an widerspricht, etwa so wie der Pyrrhonismus, für den es wahr ist, dass es keine Wahrheit gibt, oder wie der Relativismus, für den alles relativ ist außer dieser Behauptung. Wie dem auch sei, das Subjektive kann nicht aus dem Objektiven entstehen, und wer das glaubt, hat nichts von Subjektivität verstanden; den umgekehrten Irrtum gibt es gleichermaßen bei manchen, die aus dem *Vedânta* schließen, dass die Welt eine Hervorbringung unseres Geistes sei, wohingegen dieser weder imstande ist, das Vorhandensein irgendeines Gegenstandes zu erschaffen noch zu verhindern. Ohne Zweifel ist die Welt ein Traum, aber nicht der unsere, da wir ja dessen Inhalt sind; das unbedingte Subjekt entzieht sich uns ebenso wie das unbedingte Objekt, somit ebenso wie ihre höchste Nichtunterscheidung.

Die Bedingtheit schließt wesentlich zwei Grundsätze mit ein, den der Verhältnismäßigkeit und den der Absolutheit; dieser letztere entspricht geometrisch den Radien und der erstere konzentrischen Kreisen, in Anbetracht der Tatsache, dass sich der eine auf den Mittelpunkt bezieht und der andere auf den Randbereich.[3] Der Grundsatz der Verhältnismäßigkeit will, dass die Dinge anders erscheinen, als sie tatsächlich sind; im Inneren dieses trügerischen Anscheins und zum Ausgleich will der Grundsatz der Absolutheit, dass die Dinge sinnbildlich angemessen sind, das heißt, dass sie ihrer Wirklichkeit entsprechen. Wenn aber der Grundsatz der Absolutheit den Vorrang hat, schleicht sich der Grundsatz der Verhältnismäßigkeit in dem Sinne ein, dass die angemessenen Wirklichkeiten in gewisser Weise begrenzt sind und folglich nicht in jedem Punkt mit ihren metakosmischen Urbildern übereinstimmen.

Der Grundsatz der Verhältnismäßigkeit will zum Beispiel, dass sich die Sonne und der Sternenhimmel um die Erde zu drehen scheinen, dieser trügerische Anschein kann aber ein Eingreifen des Grundsatzes der Absolutheit nicht verhindern, dass nämlich die Sonne durch ihre Größe, ihre Helligkeit, ihre Wärme Vorrang vor allen anderen Sternen hat, und dass darüber hinaus die anscheinende Bewegung der Sonne und der Sterne in angemessener Weise die kosmischen Kreisläufe und das Tätigsein der Himmelsmächte im Verhältnis zum Erdulden der stofflichen und seelischen Welt versinnbildlicht.[4] Und genauso, aber im umgekehrten Sinne, will der Grundsatz der Absolutheit, dass die Sonne, entsprechend der objektiven Wirklichkeit, der Mittelpunkt der Umkreisung durch die Planeten ist; dennoch muss der Grundsatz der Verhältnismäßigkeit einschreiten, und er tut es, indem er zeigt, nicht, dass das Sonnengestirn nicht der Mittelpunkt seines Systems ist, sondern dass

3 Es ist bezeichnend, dass Einstein, der Befürworter des Relativismus, die Vorstellung, dass das All einen Mittelpunkt besitzt, »geschmacklos« (*distasteful*) fand .

4 Kraft dieser Ähnlichkeit zwischen einer optischen Täuschung und kosmologischen Wirklichkeiten hat die ptolemäische Astronomie etwas von einer »exakten Wissenschaft«.

es nur ein Staubkorn neben anderen Mittelpunkten anderer Systeme ist. Das Bild der Sonne als einziger Mittelpunkt ist also seinerseits eine optische Täuschung; Gott allein ist »der Mittelpunkt« ohne irgendeine Einschränkung.

Wenn man das All ausschließlich mit den Augen der Verhältnismäßigkeit betrachtet, wird man nur Verhältnismäßiges sehen, und das All wird sich letzten Endes auf eine unentwirrbare Sinnwidrigkeit beschränken. Wenn man es dagegen mit den Augen der Absolutheit – der Teilhabe der Dinge am Absoluten – betrachtet, wird man im Wesentlichen Kundgaben des höchsten Ursatzes sehen und, dementsprechend, Bilder, welche die Beziehungen zwischen *Âtmâ* und *Mâyâ* erklären.

Für die Relativisten gibt es nur *Mâyâ*, was widersprüchlich ist, da es *Mâyâ* nur durch ihre Inhalte gibt, die eine Erweiterung von *Âtmâ* sind; das heißt, *Âtmâ* ist vorstellbar ohne *Mâyâ*, wohingegen diese nur verständlich ist durch den Begriff von *Âtmâ*. Die Verhältnismäßigkeit ist eine Ausstrahlung des Absoluten, oder sie ist nicht; wenn sie ist, dann deshalb, weil das Absolute definitionsgemäß auch das Unendliche ist und *ipso facto* auch die allheitliche Ausstrahlung. Darum zieht der Grundsatz der Absolutheit einen Grundsatz der Unendlichkeit nach sich, kraft dessen es unmöglich ist, die Kategorien des Daseins auf erschöpfende Weise zu ermessen.

Ohne Zweifel enthält die Ebene der Bedingtheit einen Grundsatz der Endlichkeit, der verlangt, dass alles begrenzt ist, und auf den sich die Skeptiker gerne berufen; dieser – offensichtlich begrenzte – Grundsatz kann nicht verhindern, dass die positiven Inhalte im Bereich der Bedingtheit dem Grundsatz der Unendlichkeit unterstehen, weil sie die Wesenheiten und damit die All-Möglichkeit bekunden.

Es gibt im Bereich der Bedingtheit ein Element der Unbestimmtheit und der Unverständlichkeit, wir könnten sagen der »Irrationalität«, das die Wissenschaftler zwingen möchten, logisch zu sein oder seine Geheimnisse preiszugeben, die dieses Element eben nicht besitzt oder die es in keiner zugänglichen Form besitzt. Dinge erzwingen zu wollen heißt, sich der Gefahr auszusetzen, zum Spielball eines der kosmischen *Mâyâ* innewohnenden »Genius der Sinnwidrigkeit« zu werden, der Macht des Truges und auch der Verführung, deren Abwesenheit im Haushalt der All-Möglichkeit metaphysisch unvorstellbar ist, und für welche die Schlange im irdischen Paradies ein Zeichen ist.[5]

Man könnte uns entgegenhalten, dass die Bedingtheit der Verhältnismäßigkeit gleichkomme und folglich an ihrem Gipfelpunkt den schöpferischen Grundsatz – den »persönlichen Gott« – und erst recht die himmlische Welt umfasse; hierauf antworten wir, dass der Begriff der Bedingtheit mit dem der Verhältnismäßigkeit nur im Bereich unterhalb des Himmels übereinstimmt, den wir sinnbildlich als »irdisch« bezeichnen können, und nicht in den himmlischen und göttlichen Bereichen, welche vom Standpunkt der Bedingtheit – also der »Erde« – aus beide zum Absoluten[6] gehören, sei es mittelbar oder unmittelbar.[7] Das soll nicht heißen, dass es im Himmel keinerlei Möglichkeit gäbe, die wir als bedingt bezeichnen

---

5 Der Versucher hat den Menschen auf den Weg der abwärtsführenden Spirale gestoßen, den des Unbestimmten, des Zufälligen, der Bedingtheit ohne Ausweg; man sollte sich davor hüten, dies ausschließlich moralisch zu verstehen.

6 Was uns wieder zum – paradoxen, aber keineswegs sinnwidrigen – Begriff des »verhältnismäßig Absoluten« bringt, um den es in unseren Büchern immer wieder ging.

7 Das heißt, dass das Sein und das Über-Sein (*Îshvara und Paramâtmâ*) die Gottheit »bilden« – zumindest vom Standpunkt des Seins aus, denn das Über-Sein genügt sich selbst –, während der himmlische Bereich so unmittelbar wie möglich an der Gottheit »teilhat«.

könnten – sonst gäbe es für die Seligen keine Freiheit –, diese Bedingtheit ist aber ihrem inneren Wesen nach bestimmt, und in gewissem Sinne gefestigt und geregelt, durch die Allgegenwart der Gnade und das Andauern der beseligenden Schau; wir befinden uns hier zweifellos nicht außerhalb des Bereiches der *Mâyâ*, wohl aber außerhalb des Bereiches der »Seelenwanderung«, des *Samsâra*.

Wie dem auch sei, es gibt gute Gründe dafür, zwischen Bedingtheit und Verhältnismäßigkeit zu unterscheiden. Die Bedingtheit ist immer verhältnismäßig, die Verhältnismäßigkeit ist aber nicht immer bedingt; verhältnismäßig ist das, was bezüglich einer anderen Wirklichkeit »mehr« oder »weniger« ist;[8] bedingt – kontingent – ist das, was sein kann oder nicht sein kann, was also lediglich möglich ist. In der Bedingtheit wie in der Verhältnismäßigkeit gibt es Stufen: Der Mensch als solcher umfasst außerordentlich viel mehr seinsmäßige Notwendigkeit als ein bestimmter Mensch, und dennoch ist er bedingt bezüglich des Schöpfers, der in gewissem Sinne das in die Verhältnismäßigkeit »geworfene« Absolute ist oder die im Absoluten »vorgeformte« Verhältnismäßigkeit; hierin liegt das ganze Mysterium der ursprünglichen Verbindung zwischen *Âtmâ* und *Mâyâ*.

In geometrischer Sinnbildlichkeit kennzeichnen die Radien die himmlischen Urbilder oder die »Ideen« und die konzentrischen Kreise die Bereiche der Bedingtheit. Diese Unterscheidung zwischen dem himmlischen Inhalt und der Bedingtheit drängt dem Menschen – der von beiden etwas hat – eine grundlegende und entscheidende Wahl auf: die

8 So ist der Schöpfer – das Sein – »mehr« als die Schöpfung und die Geschöpfe, aber »weniger« als das reine Absolute – das Über-Sein –, das keinen Gesprächspartner hat.

Verbindung mit dem Himmlischen oder dem Allheitlichen zu halten und sich auf Gott auszurichten, oder im Gegenteil diese Verbindung zu vergessen und im Bedingten zu versinken und sich am Ende gegen Gott aufzulehnen, also letztlich gegen sich selbst, da der Mensch hinter dem Schleier der Bedingtheit seinsmäßig mit Dem zusammenhängt, der ist.

Der Grund für die – zwangsläufig die Mitte fliehende – Ausstrahlung der himmlischen Möglichkeiten ist die Kundgabe des Höchsten Gutes; die Bedeutung des Übels ist dabei diese Kundgabe mittels des Gegensatzes; wie Meister Eckhart gesagt hat: »Je mehr er schmäht, umso kräftiger lobt er Gott«. Unmittelbare und die Ähnlichkeit wahrende Kundgabe auf der einen Seite, und mittelbare und einen Gegensatz bildende Kundgabe auf der anderen Seite; beide werden Wirklichkeit aufgrund der Unendlichkeit des göttlichen Möglichen.

Ein Wort über die metaphysische Gewissheit oder über die Unfehlbarkeit der reinen intellektuellen Erkenntnis könnte an dieser Stelle geboten sein. »Ich denke, also bin ich«, sagte Descartes; abgesehen davon, dass unser Dasein nicht allein durch das Denken bewiesen wird, hätte er hinzufügen müssen: »Ich bin, also ist das Sein«; oder er hätte gleich zu Beginn sagen können: »Ich denke, weil ich bin.« In jedem Fall besteht die Grundlage der metaphysischen Gewissheit in der Übereinstimmung von Wahrheit und unserem Sein; eine Übereinstimmung, die kein logischer Gedankengang erschüttern kann. Bedingtes wird bewiesen durch Faktoren, die sich in ihrem Bereich der Bedingtheit befinden, wohingegen etwas, das aus dem Unbedingten hervorgeht, durch Teilhabe an diesem hell erstrahlt, somit – gemäß dem heiligen Thomas – durch eine »Überfülle an Licht«, was darauf hinausläuft, dass es durch sich selbst bewiesen wird. Mit anderen Worten beziehen die allheitlichen Wahrheiten ihre Offensichtlichkeit nicht aus unserem bedingten Denken, sondern aus unserem die Person übersteigenden Sein, welches den Wesenskern unseres Geistes bildet und die Angemessenheit der intellektuellen Erkenntnis verbürgt.

Bedingtheit einerseits und Gegenwart des Absoluten andererseits; dies sind die beiden Pole unseres Daseins. Die göttliche Gegenwart stimmt mit unserem Bewusstsein – oder mit unserem intellektuellen und sittlichen Wachrufen – des Absoluten-Unendlichen überein, welches definitionsgemäß das Höchste Gut ist, da alle möglichen Güter auf es zurückgehen und es bezeugen. Diese Gegenwart-Bewusstheit oder dieses Wachrufen fügt sich ein in Raum und Zeit: Räumlich lässt sie die Welt beiseite, die sich grenzenlos um uns herum ausdehnt;[9] zeitlich wiederholt sie sich und führt so die an uns nagende Dauer auf die ewige Gegenwart – Ergänzung der unendlichen Mitte – zurück, die uns befreit.

Grundsätzlich ist dieses Bewusstsein Gottes jedem Menschen zugänglich, eben weil er Mensch ist; tatsächlich verlangt es etwas von uns: Formale, rituelle, überlieferungsmäßige Bedingungen, weil der Mensch sich grundlegend von seiner menschlichen Berufung abgewendet hat, indem er in der Welt der Bedingtheit versunken ist und sich mit ihr gleichgesetzt hat, daher sein weltliches Ich mit seiner Tyrannei und seinen Lastern. Die heilsame – aber maßlose – Erwiderung auf diese Lage ist eine übertriebene Askese, die das Ich als solches zerstören zu wollen scheint, entgegen der Natur der Dinge oder der Absicht des Schöpfers; was in Wirklichkeit geboten ist, ist ein Gleichgewicht zwischen unserem Bewusstsein des

---

9 Das unterscheidende und beschauliche Absehen von der Welt kann nicht unsere natürlichen Verbindungen mit unserer Umwelt ausschließen; sie ist nicht nur Eva, sie ist auch Maria. Es gibt Übereinstimmung, nicht Unvereinbarkeit zwischen dem »Gedenken Gottes« und dem bedingten Leben.

Unbedingten und der – aus Schönheit und Güte bestehenden – göttlichen Kundgabe, die uns von überall her umgibt und uns einlädt in das »Reich Gottes, das inwendig in euch ist«.

Enthalten in der irdischen *Mâyâ*, müssen wir das Gleichgewicht zwischen den zeitlichen Wirren und den ewigen Werten aufrechterhalten; wir müssen aber ebenso sehr das Gleichgewicht zwischen den Schönheiten dieser Welt und denen der anderen aufrechterhalten: Zwischen den irdischen Abbildern und den himmlischen Urbildern. Oder zwischen Analogie oder Ähnlichkeit, und Abstraktion oder Unvergleichbarkeit; wobei sich die Ähnlichkeit auf die Immanenz und die Abstraktion auf die Transzendenz bezieht.

Der durch die sehende oder hörende Wahrnehmung des Schönen oder durch die ruhende oder bewegte körperliche Kundgabe der Schönheit wachgerufene Sinn für Schönheit kommt einem »Gedenken Gottes« gleich, wenn es sich im Gleichgewicht mit dem »Gedenken Gottes« im eigentlichen Sinne befindet, das im Gegenteil die Auslöschung des Wahrnehmbaren erfordert. Der sinnenhaften Wahrnehmung des Schönen muss daher der Rückzug zur über-sinnlichen Quelle der Schönheit antworten; die Wahrnehmung der sinnenhaften Theophanie erfordert die einende Verinnerlichung.

Für die einen bringt uns allein das Vergessen des Schönen – des »Fleisches«, wie sie sagen – Gott näher, was offensichtlich in einer gewissen praktischen Beziehung ein berechtigter Standpunkt ist; gemäß den anderen – und diese Sichtweise ist tiefer – bringt uns sinnlich wahrnehmbare Schönheit ebenfalls näher zu Gott, und sogar *a priori*, unter der doppelten Voraussetzung einer Beschaulichkeit, welche die Urbilder durch die sinnenhaften Kundgaben hindurch erahnt, und eines geistig verinnerlichenden Tuns, das die Empfindungen ausschaltet im

Hinblick auf die intellektuelle und einende Wahrnehmung der Wesenheit.

Auf den Spuren der Ursünde

Die Vorstellung der Ursünde verlegt die Ursache des menschlichen Falls in eine Tat; dieser Fall besteht folglich im Verüben schlechter Taten, Sünden eben. Der Nachteil dieser – gleichwohl vorsehungsgemäßen und wirkmächtigen – Vorstellung besteht darin, dass der Mensch, der keine eindeutig erkennbaren Übertretungen verübt, sich für vollkommen halten kann, als ob es genügte, nichts Böses zu tun, um den Himmel zu verdienen; die christliche Lehre wehrt diese Versuchung ab, indem sie unterstreicht, dass jeder Mensch Sünder ist; wer das bezweifelt, fügt zwei weitere Sünden hinzu, die der Anmaßung und die der Irrlehre. In einem derartigen Umfeld fühlt man sich fast verpflichtet, wenn nicht zu sündigen, dann doch zumindest überall Sünden zu sehen; zwar sind die Hauptsünden der Zahl nach bestimmt, die lässlichen Sünden sind aber unzählbar, und sie werden schwerwiegend, wenn sie zur Gewohnheit werden, denn dann sind sie Laster.

Wie dem auch sei, ein zur Schau getragenes *mea culpa*, das auf nichts Greifbares abzielt, ist kein Allheilmittel und macht uns nicht gerade besser; es sieht ganz anders aus, wenn wir uns bewusst sind, dass in unserer Seele ein Hang zur »Äußerlichkeit« und zum »Waagerechten« vorhanden ist, der vielleicht nicht die Ursünde im eigentlichen Sinne bildet, zumindest aber das erbliche Laster, das darauf beruht.

In Verbindung mit der Vorstellung von der Sünde als Tat möchten wir am Rande bemerken, dass es Verhaltensweisen gibt, die objektiv Sünden sind, ohne es subjektiv zu sein, und dass es andere gibt, die subjektiv Sünden sind, ohne es objektiv zu sein: Ein bestimmter Heiliger vernachlässigt eine religiöse Pflicht, weil er in Ekstase ist, ein bestimmter Heuchler vollzieht sie, weil er bewundert werden will. Dies sei gesagt, um daran zu erinnern, dass der Wert einer Tat in ihrer Absicht besteht; es genügt jedoch nicht, dass diese subjektiv gut ist, sie muss es auch objektiv sein.

Doch kehren wir zu unserem Thema zurück: Zu behaupten, jeder Mensch sei »Sünder«, läuft nicht darauf hinaus zu behaupten, dass kein Mensch in der Lage wäre, sich von schlechten Taten zu enthalten, es bedeutet aber sicherlich, dass jeder Mensch – mit den seltensten Ausnahmen – der Versuchung der »Äußerlichkeit« und des »Waagerechten« erliegt; wo es keine Versuchung des Übermaßes im Sinne des Äußeren oder des Waagerechten gibt, dort wird es keine Begierde noch Gottlosigkeit mehr geben.[1] Zwar hat jeder Mensch das Recht auf eine gewisse Verbundenheit mit seiner Umwelt, wie es unsere Fähigkeiten zu empfinden und zu handeln beweisen, dieses Recht ist aber begrenzt durch unsere ergänzende Pflicht zur Innerlichkeit, ohne die wir keine Menschen wären; das heißt, der anziehende Pol, der das »Reich Gottes inwendig in euch« ist, muss sich letztendlich gegenüber dem verführerischen Zauber der Welt durchsetzen.[2] Dies drückt das höchste Gebot aus, das, wenn es uns lehrt, was wir tun sollen, uns auch lehrt, was wir sind.

Der Begriff der Unterlassungssünde[3] erlaubt es uns, das Problem der Erbsünde, die es in uns vor unseren Taten gibt,

---

1 Was an den Fall der »Pneumatiker« und vor allem an das Mysterium der »unbefleckten Empfängnis« denken lässt.

2 Nach Shankara ist der »zu Lebzeiten Befreite« (*Jîvanmukta*) nicht der, welcher sich von allem, was menschlich ist, fern hält, es ist der, welcher, wenn er »sich mit den Fröhlichen freut und mit den Weinenden weint«, der übernatürlich unberührte Zeuge des »kosmischen Spiels« (*Lîlâ*) bleibt.

3 Dem Apostel Jakobus zufolge begeht der, der etwas Gutes tun kann und es nicht tut, eine Sünde; dies ist die Definition der Unterlassungssünde, geht

genauer zu erfassen. Wenn das höchste Gebot verlangt, »den Herrn, deinen Gott, zu lieben von ganzem Herzen, von ganzer Seele und mit all deinem Denken«, dann ergibt sich daraus, dass die entgegengesetzte Haltung die höchste Sünde ist, in verschiedenen Stufen, da man zwischen dem Hass Gottes und einfacher Gleichgültigkeit unterscheiden muss; gleichwohl sagt Gott in der Apokalypse: »Weil du aber lau bist und weder warm noch kalt, werde ich dich ausspeien aus meinem Munde«. Wenn wir dem Wort »Sünde« seinen weitesten oder tiefsten Sinn geben wollen, sagen wir, dass es vor allem eine Haltung des Herzens ausdrückt, also ein »Sein« und nicht ein einfaches »Tun« oder »Nicht-Tun«; in diesem Fall versinnbildlicht der biblische Mythos eine »Substanz« und nicht ein einfaches »Akzidens«.

So ist die ursprüngliche »Sünde« für die Hindus »Unwissenheit (*Avidyâ*): Unkenntnis darüber, dass »*Brahma* wirklich, die Welt trügerisch ist« und dass »die Seele nichts anderes als *Brahma* ist«; alle dem inneren und berufungsmäßigen Gesetz (*Dharma*) widersprechende Taten oder Haltungen ergeben sich aus dieser Blindheit des Herzens.

Weiter oben haben wir vom Hang zur »Äußerlichkeit« und zum »Waagerechten« gesprochen. »Waagerecht« zu sein heißt, nur das irdische Leben zu lieben, zum Nachteil des aufsteigenden und himmlischen Weges; »veräußerlicht« zu sein heißt, nur äußere Dinge zu lieben, zum Nachteil sittlicher und geistiger Werte. Oder auch: Dem Waagerechten anzuhängen bedeutet, gegen die Transzendenz zu sündigen, es bedeutet somit, Gott und damit den Sinn des Lebens zu vergessen; und äußerlich zu sein bedeutet, gegen die Immanenz zu sündigen, aber gleichzeitig über den Rahmen einer formalistischen und exoterischen Moral hinaus.

es bedeutet somit, unsere unsterbliche Seele und folglich ihre Berufung zu vergessen. Wenn wir gelten lassen, dass die Ursünde eine Tat gewesen ist – unabhängig von der Form, die ihr eine bestimmte Mythologie zuschreibt –, dann sagen wir einerseits, dass diese Tat die beiden Formen des Vergessens, die wir gerade erwähnt haben, zur Folge gehabt hat, und andererseits, dass diese beiden Formen des Vergessens die Menschen besonders anfällig für die endlose Wiederholung der ursprünglichen Übertretung machen; jede sündhafte Tat wiederholt das Drama der verbotenen Frucht. Die Ur-Vollkommenheit bestand aus »senkrechter« Ausrichtung und aus »Innerlichkeit«, was die beiden Unterscheidungsmerkmale des Menschen bezeugen, nämlich der aufrechte Gang und die Sprache, welch Letztere mit dem Verstand übereinstimmt.

Die Transzendenz ist objektiv, insofern sie die göttliche Ordnung an sich betrifft; die Immanenz ist subjektiv, insofern sie sich auf die göttliche Gegenwart in uns bezieht; gleichwohl gibt es auch eine subjektive Transzendenz, die in uns das göttliche Selbst vom menschlichen Ich trennt, und eine objektive Immanenz, nämlich die göttliche Gegenwart in der Welt, die uns umgibt. Sich wirklich »Gottes als Objekt« bewusst zu sein, heißt, sich auch seiner Immanenz bewusst zu sein, und sich »Gottes als Subjekt« bewusst zu sein, heißt, sich gleichermaßen seiner Transzendenz bewusst zu sein.

Innerlichkeit und senkrechte Ausrichtung, Äußerlichkeit und Hang zum Waagerechten,[4] dies sind die Dimensionen, die den Menschen in seiner ganzen Größe und in seiner ganzen

---

4 In Übereinstimmung mit dem Grundsatz der doppelten Bedeutung von Sinnbildern sind Innerlichkeit und senkrechte Ausrichtung nicht nur positiv, genauso wenig wie Äußerlichkeit und Hang zum Waagerechten nicht nur negativ sind. Innerlichkeit bedeutet nicht nur Tiefe, sondern auch Subjektivismus, Ichsucht, Verhärtung des Ichs; senkrechte Ausrichtung bedeutet nicht nur Aufstieg, sondern auch Fall. Genauso, aber im umgekehrten Sinne, bedeutet Äußerlichkeit nicht nur Oberflächlichkeit und Zerstreuung, sondern

Kleinheit ausmachen. Wer Transzendenz sagt, sagt zugleich metaphysische Wahrheit und erlösende Gottheit; und wer Immanenz sagt, sagt Person-übersteigender Intellekt und göttliche Selbstheit. Senkrechte Ausrichtung angesichts »unseres Vaters im Himmel« und Innerlichkeit kraft des »Reichs Gottes inwendig in euch«; daraus ergibt sich eine Gewissheit und eine Gelassenheit, die keine List der Mächte der Finsternis uns rauben kann.

Eva und Adam erlagen der Versuchung, mehr sein zu wollen als sie sein konnten; die Schlange steht für die Möglichkeit dieser Versuchung. Die Erbauer des Turmes von Babel, ebenso wie die Titanen, Prometheus und Ikarus, wollten sich ungerechtfertigt an die Stelle Gottes setzen; auch sie mussten die demütigende Strafe eines Falls erleiden. Der Bibel zufolge war der verbotene Baum jener der Erkenntnis von »Gut« und »Böse«; nun gehört diese Erkenntnis oder dieser Unterschied zur Natur des Seins, ihre Quelle kann sich folglich nicht im Geschöpf befinden; sie für sich zu beanspruchen heißt, dem Schöpfer gleich sein zu wollen, und das ist gerade das Wesen der Sünde, jeder Sünde. Jeder Sünder entscheidet nämlich darüber, was gut ist, im Gegensatz zur objektiven Natur der Dinge; er täuscht sich freiwillig sowohl über die Dinge als auch über sich selbst, daher der Fall, der nichts anderes ist als die Erwiderung der Wirklichkeit.

Die große Zweideutigkeit der Erscheinung des Menschen liegt in der Tatsache, dass der Mensch göttlich ist, ohne Gott zu sein: Koranisch gesprochen gibt er allen Geschöpfen ihre Namen, und aus diesem Grunde müssen die Engel sich vor ihm

---

auch Bewegung hin zu einer Mitte, die befreit; und Hang zum Waagerechten bedeutet nicht nur niedrige Gesinnung, sondern auch Festigkeit.

niederwerfen, außer dem höchsten Engel,[5] was zeigt, dass die Göttlichkeit und folglich die Machtbefugnis und die Selbstbestimmung des Menschen verhältnismäßig sind, wenn auch »verhältnismäßig absolut«. So konnte der Fall des Menschen als solchem nicht umfassend sein, wie es *a priori* die Natur und das Schicksal des Patriarchen Henoch beweist, des Vaters aller »Pneumatiker«, wenn man so sagen darf.

Für die exoterische Ideologie kann die Esoterik – die »Gnosis« – nur von den Mächten der Finsternis herkommen, da sie das Vorrecht des verbotenen Baumes zu beanspruchen scheint, die unmittelbare und selbständige Erkenntnis von »Gut und Böse«; dies heißt, das Wesentliche außer Acht zu lassen, dass nämlich *aliquid est in anima quod est increatum et increabile ... et hoc est Intellectus*.[6] Der Sündenfall war gerade die Spaltung zwischen Verstand und Intellekt, zwischen Ich und Selbst; man könnte endlos über die Erscheinungsformen und Stufen dieser Spaltung spekulieren, die einerseits das Menschengeschlecht in die Pflicht nimmt und andererseits nicht absolut sein kann.

---

5 Oder den Erzengeln, was auf dasselbe hinausläuft; es ist der göttliche Geist, der sich unmittelbar in der All-Kundgabe spiegelt, in deren Mitte oder auf deren Gipfel.

6 Meister Eckhart: »Es ist etwas in der Seele, das unerschaffen und unerschaffbar ist ... und dies ist der Intellekt«.

Von der Absicht

Die Vorrangstellung der Absicht ergibt sich aus der Tatsache, dass ein und dieselbe Tat – wir sagen nicht jede Tat – gut oder schlecht sein kann je nach der Absicht, während das Umgekehrte nicht zutrifft: Eine Absicht ist nicht gut oder schlecht je nach der Tat.[1] Es sind nicht die Taten, auf die es in erster Linie ankommt, es sind die Absichten, sagt uns der gesunde Menschenverstand ebenso wie die überlieferte Weisheit; zugegeben, aber es versteht sich von selbst, dass dies nicht heißen kann, dass man jede unvollkommene, ja schlechte Tat rechtfertigen kann, indem man annimmt, dass die Absicht gut war oder sogar indem man vorbringt, jede Absicht sei im Grunde schon allein deshalb gut, weil sie subjektiv ist und weil, wie manche meinen, die Subjektivität immer Recht habe.

Eine Tat oder ein Werk, das tadelnswert ist, zu entschuldigen – und sei es auch nur teilweise –, indem man zur Geltung bringt, dass die Absicht gut war, hat nur in den folgenden Fällen Sinn: Erstens, wenn das schlechte Ergebnis im Gegensatz dazu steht, was der Handelnde wollte; dies ist der Fall des Kindes, das einen Brand auslöst, indem es eine Kerze entzündet. Zweitens, wenn man ernsthafte Gründe für die Annahme hat, dass die Schlechtigkeit – oder die Unvollkommenheit – der Tat oder des Werkes nur einer zufälligen Unbeholfenheit zuzuschreiben ist; dies ist der Fall des Kranken, der seiner Aufgabe nicht gewachsen ist. Drittens, wenn man gute Gründe für die Annahme hat, dass die Absicht einer

---

1 Zu Unrecht sprach Pascal den Jesuiten den Gedanken zu, dass »der Zweck die Mittel heilige« – wir führen die sprichwörtlich gewordene Fassung an –, tatsächlich waren sie jedoch darauf bedacht, genauer zu sagen: der Zweck heilige die Mittel nur unter der Voraussetzung, dass die Mittel nicht in sich verderbt sind; ohne diesen Vorbehalt wäre keine Notwehr möglich.

offenkundig unvollkommenen oder schlechten Person in dem betreffenden Fall gut war; sich darüber im Klaren zu sein heißt, den Beweis für eine verdienstvolle Objektivität zu erbringen. Viertens, wenn der Handelnde von seinem Wesen her – nicht nur zufälligerweise – nicht in der Lage ist, sein Vorhaben in befriedigender Weise auszuführen; dies ist der Fall des Kindes, das versucht, ein Bild zu malen, oder der des ungeschliffenen oder ungebildeten Menschen, der eine Freude bereiten möchte mit einem Geschenk von schlechtem Geschmack, das aber trotzdem achtbar ist; in diesem Fall entschuldigt man die Absicht als solche und nicht den Mangel, der sie verdorben hat; beim Kind entschuldigt man sogar den Mangel, wenn es nur eine Frage des Alters ist. Fünftens, wenn eine Tat oder ein nach außen hin paradoxes, ja tadelnswertes Werk nur im Lichte seiner geistigen Absicht verständlich ist; dies ist zum Beispiel der Fall gewisser erotischer Sinnbildlichkeiten, die *de jure* und *de facto* sich auf metaphysische oder mystische Wirklichkeiten beziehen und die aufgrund ihrer Mehrdeutigkeit zum Bereich der Esoterik gehören.

Doch kehren wir jetzt zu gewöhnlichen Absichten zurück: Man muss sich davor hüten – nur um gefühlsselig den Urheber zu entschuldigen, der immerhin für ein tadelnswertes, ja schädliches Werk verantwortlich ist –, vorzubringen, das Werk sei annehmbar, weil die Absicht gut war; denn das bedeutet, dass die Mängel des Werkes ein Daseinsrecht haben und auch, dass die Subjektivität Vorrang vor der objektiven Wirklichkeit hat; wo es doch »kein größeres Recht gibt als das der Wahrheit«.

Eine dekadente und falsche Kunst unter dem Vorwand zu entschuldigen, die Absicht des Künstlers sei gut gewesen, da der Inhalt religiös ist, hieße zu vergessen, dass der Teufel möglicherweise der Religion durch Gläubige, die als solche offenbar wohlgesinnt sind, Schaden zufügen will; nun genügt es in einem solchen Fall nicht, dass die Absicht subjektiv gut ist, sie muss es auch objektiv sein in dem, was sie hervorbringt; denn die objektive Qualität ist einer der Maßstäbe für die subjektive Qualität, somit für die Absicht, denn »an ihren Früchten sollt ihr sie erkennen«.[2] Wir denken hier an die für ein Werk notwendige Qualität, nicht bloß an die wünschenswerte Qualität; die Unzulänglichkeit eines Werkes, das einfach schlecht und naiv gemacht, dabei aber unschuldig ist, befindet sich nicht auf der gleichen Ebene wie die Schlechtigkeit eines irregeleiteten Werkes. Ganz offensichtlich vermag die Falschheit eines künstlerischen oder literarischen Werkes einen grundlegenden Makel offenzulegen: mangelnde Selbsterkenntnis, einen krankhaften Wunsch nach Originalität, somit im Grunde Hochmut, ganz gleich, welche Absicht der Urheber an der Oberfläche haben mag. Dass dieser möglicherweise glauben mag, es sei gut, was schlecht ist, und dass seine Absicht auf dieser Grundlage aufrichtig sei, stellt keinen mildernden Umstand dar, denn sonst müsste man alle Irrtümer und alle Verbrechen entschuldigen, was im Übrigen allzu oft in unserer Zeit geschieht.

Eine Absicht kann gut in einer Hinsicht und schlecht in anderer Hinsicht sein: Sie ist gut, insofern sie beispielsweise ein religiöses Gefühl bekundet, und sie ist schlecht, insofern sie dies auf eine Weise tut, die sich streng genommen nicht mit Religion, Heiligkeit und Würde verträgt. Eine verkehrte, törichte oder niederträchtige Gesinnung zu bekunden heißt offensichtlich, dies tun zu wollen; es heißt, sich mit dieser

---

2 Bei den religiösen Gemälden des *Quattrocento* hat die Absicht spürbar Vorrang vor der Ausführung: Wir werfen einem Fra Angelico nicht vor, kein Ikonenmaler gewesen zu sein, angesichts seiner Fähigkeit, eine gleichsam paradiesische Atmosphäre zu schaffen und so einer streng genommen bereits weltlich gewordenen Kunst einen sakralen Charakter zu verleihen. Andererseits darf man die materielle und sogar die geistige Angemessenheit gewisser Ikonen nicht überschätzen, welche weit mehr das religiöse Gefühl einer Gemeinschaft als die volle Wirklichkeit des dargestellten Gegenstandes ausdrücken.

Gesinnung gleichzusetzen, und in dieser Hinsicht kann die Absicht nicht gut sein. Spontane und damit aufrichtige Originalität mag zwar gerechtfertigt sein; der Wunsch nach Originalität ist nie zu rechtfertigen. Ohne Zweifel vermag der Wunsch, etwas Neues herzustellen, eine Begabung zu beleben, es fehlt ihm aber sicherlich an Frömmigkeit und auch an Größe.

Die Zwangsvorstellung, das Argument der Absicht sei ein Allheilmittel, ist derartig zur Gewohnheit geworden, dass zu viele Menschen es übermäßig beanspruchen, ohne nachzudenken, indem sie beispielsweise ihre gute Absicht in Fällen beteuern, in denen die Frage der Absicht sich nicht einmal stellen dürfte. Ganz allgemein ist es nur allzu offensichtlich, dass gute Absichten in keiner Weise eine Gewähr für den Wert eines Menschen bieten, folglich nicht einmal für sein Heil; in diesem Sinne besitzt die Absicht nur durch ihre Verwirklichung einen Wert.[3]

Der Kult der Absicht und der Kult der Aufrichtigkeit sind nicht voneinander zu trennen; Ersterer hat mit Letzterem gemeinsam, dass er all das verteidigt, was tadelnswert ist, sei es extravagant und schädlich oder einfach nur mittelmäßig und gewöhnlich; »aufrichtig« sein heißt, kurz gesagt, sich bedingungslos und zynisch so zu zeigen, »wie man ist«, also im Gegensatz zu jeglicher Bemühung, das zu sein, was man sein sollte. Man vergisst, dass Aufrichtigkeit nur durch ihren Inhalt von Wert ist, und dass es ein Zeichen von Nächstenliebe ist, wenn man sich davor hütet, ein schlechtes Beispiel zu geben;

---

3 Wie es das Sprichwort sagt: »Der Weg zur Hölle ist mit guten Vorsätzen gepflastert«; es geht zweifellos auf den folgenden Spruch aus dem Buch Jesus Sirach (21,10) zurück: »Die Sünder gehen auf einem gepflasterten Weg, aber an seinem Ende ist der Abgrund der Hölle.« Und im Brief des heiligen Jakobus (4,17) heißt es: »Wer nun weiß, Gutes zu tun, und tut's nicht, dem ist's Sünde.«

der Einzelne schuldet, um es vorsichtig auszudrücken, der Gemeinschaft ein einwandfreies Verhalten, was nichts mit dem Laster der Heuchelei zu tun hat. Sagen wir deutlicher, dass ein einwandfreies Verhalten, wie es der gesunde Menschenverstand und die überlieferte Sittlichkeit verlangen, notwendigerweise eine gewisse Zurückhaltung zur Folge hat, während Heuchelei definitionsgemäß etwas zur Schau Stellendes an sich hat, sei es krass hervortretend oder versteckt.

Immer noch im Zusammenhang mit dem Kult der Absicht und dem der Aufrichtigkeit, muss man an dieser Stelle auf den häufigen Missbrauch des Wortes »verstehen« oder des Begriffs des »Verständnisses« hinweisen: Man sagt uns, man müsse einen Übeltäter oder einen schlechten Menschen »verstehen«, und verstehen heiße vergeben. Wenn dem so ist, was soll man dann von Sündern denken, die sich bekehren, und vor allem von der überlieferten Aufforderung »erkenne dich selbst«?[4] Der gute Schächer aus dem Evangelium ist nicht umsonst ins Paradies gegangen, und der heilige Augustinus wusste, was er tat, als er seine Bekenntnisse schrieb. Mit bezeichnender Inkonsequenz hüten sich die Verfechter des bedingungslosen »Verständnisses« – man möchte meinen, es genüge, »ich« zu sein, um immer richtigzuliegen – sehr wohl, jene zu »verstehen«, die anders als sie denken, und die sie schamlos verunglimpfen; einseitige Nächstenliebe mündet zwangsläufig in einem auf den Kopf gestellten Recht.

Die Absicht bestimmt nicht nur die Taten, sondern ganz offensichtlich auch die sittlichen Haltungen. Es gibt – aber dann nur dem Anschein nach – eine Demut, eine Nächstenliebe und eine Aufrichtigkeit, die in den Bereich der Heuchelei und damit eigentlich in den des Satanismus fallen, nämlich die gleichmacherische und demagogische Demut, die humanistische

---

4   Oder »hasse dich selbst«, gemäß einer christlichen Wendung.

und im Grunde verbitterte Nächstenliebe und die zynische Aufrichtigkeit. Es gibt falsche Tugenden, deren Beweggrund es letztlich ist, sich zu beweisen, dass man Gottes nicht bedarf; die Sünde des Hochmuts besteht hier darin zu glauben, unsere Tugenden seien unser Eigentum und nicht ein Geschenk des Himmels, eine Vorstellung, die umso irriger ist, als die Tugenden in diesem Fall nur in der Einbildung vorhanden sind, da sie der Hochmut ja verdirbt.

Aufrichtig zu sein und demzufolge eine gute Absicht zu haben, bedeutet unter anderem, sich der Mühe zu unterziehen, nachzudenken und sich gegebenenfalls zu unterrichten, vor allem, wenn es um etwas Schwerwiegendes geht; wenn wir uns auf die gute Absicht berufen, können wir nicht den Irrtum desjenigen rechtfertigen, der urteilt und Schlüsse zieht, ohne sich seines Erkenntnisvermögens zu bedienen, und der sich nicht um das kümmert, was andere denken oder wissen, nicht einmal dann, wenn sie besser sind als er. Es gibt Menschen, welche die Religionen und die überlieferten Weisheitslehren gering schätzen,[5] und die glauben, alles aus sich selbst ziehen zu können, wofür es vernünftigerweise auch nicht den Hauch einer Begründung gibt; ohne Zweifel zieht der Weise alles »aus sich selbst« – *regnum Dei intra vos est* – in dem Sinne, dass er Nutzen aus der geistigen Intuition zieht; diese steht aber, abgesehen davon, dass sie weder mit Ehrgeiz noch *a fortiori* mit Anmaßung etwas zu tun hat, im Einklang mit den heiligen Überlieferungen, von denen sich der Weise nicht im Traum abwenden würde, selbst wenn er mit innerem Wissen geboren ist.

---

5 Es ist willkürlich, einzuwenden, dass sich die Religionen widersprechen, denn man kann ebenso gut und erst recht geltend machen, dass sie im Wesentlichen übereinstimmen, und dass ihre Widersprüche in keiner Weise die ihnen innewohnende Wirksamkeit verringern. Wer Religion sagt, sagt Offenbarung, sei sie ursprünglich oder geschichtlich; Pseudoreligionen können nicht wirksam sein, und auch nicht Methoden, die aus ihrem überlieferungsmäßigen Rahmen herausgenommen worden sind.

Wie dem auch sei, die Religionen und die Weisheitslehren sind
»natürliche« Werte – wenn auch auf »übernatürliche« Weise
– wie die Luft, die wir einatmen, das Wasser, das wir trinken,
die Nährstoffe, die wir essen; den »kategorischen Imperativ«
dessen, was wir vergleichsweise »geistige Ökologie« nennen
könnten, nicht anzuerkennen, ist folglich eine ebenso selbst-
zerstörerische wie wirklichkeitsferne Haltung.

Immer noch in Bezug auf die Frage der Absicht und der
Aufrichtigkeit, aber auf einer ganz besonderen Ebene, möchten
wir jetzt einen äußerst wichtigen Punkt in der einweihungs-
mäßigen »Alchemie« betrachten: Wenn man von dem Gedanken ausgeht, dass die beiden Pole des beschaulichen Weges
die geistige Sammlung und die Absicht des Herzens sind, dann
wird man ohne Mühe verstehen, warum diese Vorrang vor
jener hat; denn es ist offensichtlich besser, die angemessene Absicht zu haben, ohne zu wissen, wie man sich gut sammelt, als
zu wissen, wie man sich gut sammelt, ohne sich aber um die
rechte Absicht zu kümmern.[6]

Gott hört die Absicht, selbst die des Unfähigen, er kann aber
nicht die technische Vollkommenheit seitens des Ehrgeizigen
und des Heuchlers gelten lassen. All das sei gesagt, ohne aus
dem Blick zu verlieren, dass, in anderer Hinsicht, die Güte der
Sammlung gerade von der Absicht abhängt.

Steigen wir nach dieser Zwischenbemerkung auf den
Kampfplatz der alltäglichen und »waagerechten« Psychologie

6 Zunächst metaphysische Unterscheidung, dann aufrichtige – weil der
Unterscheidung entsprechende – und gewissermaßen ständige Sammlung;
dies ist die Grundlage der wirksamen Geistigkeit, ganz unabhängig von ihren
Erscheinungsweisen oder Stufen.

hinab und sagen wir einige Worte über einen Begriff, den man im Umfeld des psychoanalytischen Narzissmus auf empörende Weise missbraucht, nämlich den der »Traumatisierung«. In Wirklichkeit kann der Mensch zu Recht nur von Ungeheuerlichkeiten traumatisiert werden; wer von weniger traumatisiert wird, ist selbst ein Ungeheuer; die Alternative ist unerbittlich. In keinem Fall hat ein Trauma das Recht, absolut zu sein; es ist da, um überwunden zu werden und um das zur Geltung zu bringen, was Sinn und Zweck unseres Lebens und unseres Daseins ist. Es gibt keinen ärgeren Heuchler als den undankbaren und nachtragenden Menschen, der vorgibt, zu Gott zu fliehen; man kann Gott nicht aus Hass gegenüber den Menschen lieben. Viele Heilige hatten gute Gründe, »traumatisiert« zu sein, sie haben aber Ungerechtigkeiten – die in ihrem Fall nicht eingebildet waren – ertragen »aus Liebe zu Gott«, ohne zu vergessen, dass »wie du getan hast, soll dir geschehen«.[7]

Man muss aber auch den Fall der Traumatisierung einer ganzen Gemeinschaft in Betracht ziehen: Es ist natürlich, dass ein Volk oder irgendeine große Gruppe von Menschen traumatisiert sein kann, ohne dass es einen Anlass dafür gäbe, es dafür zu tadeln; es ist ebenso natürlich, dass dies nicht jeden Einzelnen betrifft. Die Seele einer Gemeinschaft ist passiv, und sie ist das zwangsläufig, da sie weder eine einheitliche Intelligenz noch einen sich daraus ergebenden freien und unzweideutigen Willen haben kann; ein Grund mehr, sich nicht vom Seelenleben einer Gemeinschaft beherrschen zu lassen und ihm keine Macht zu geben. Auch wenn die Gemeinschaft passiv ist, kann sie trotzdem Träger einer guten Veranlagung sein, in Abhängigkeit von ihrer geistigen und sittlichen Gesundheit in Verbindung mit der Überlieferung; *vox populi, vox Dei.*

---

7 Ein klassisches Beispiel ist der heilige Johannes vom Kreuz, der immer verfolgt und am Ende heiliggesprochen wurde, nie aber »traumatisiert« war, um es vorsichtig auszudrücken.

❀

Kehren wir nun zur Frage der Aufrichtigkeit zurück: Es ist nicht verwunderlich, dass für den zur Mode gewordenen Kult der Aufrichtigkeit das Geheimnis etwas Verabscheuungswürdiges ist, da von diesem Standpunkt aus aufrichtig zu sein bedeutet, nichts zu verbergen, und etwas zu verbergen bedeutet, unredlich oder heuchlerisch zu sein. Nun hat aber der Mensch aus offensichtlichen Gründen ein natürliches Recht auf das Geheimnis: Er hat das Recht, ein Gefühl und *a fortiori* einen geistigen Gnadenerweis, der nur ihn betrifft, nicht zu zeigen;[8] ein Heiliger will vielleicht wenn nicht seine Tugenden, dann zumindest seine Heiligkeit verbergen. Die Aufrichtigkeit besteht somit weniger darin, voll und ganz zu zeigen, was man ist, als vielmehr darin, nicht als mehr erscheinen zu wollen, als man ist, was man einem in ein gesellschaftliches oder geistiges Amt eingesetzten Würdenträger nicht vorhalten kann, denn sein maßgebendes Verhalten bezieht sich auf den Grundsatz, den er darstellt, und nicht auf seine Individualität. Für die Denkungsart »unserer Zeit« ist die Aufrichtigkeit dagegen Gewöhnlichkeit und umgekehrt, was die Auffassung zur Voraussetzung hat, dass der Mensch üblicherweise gewöhnlich ist; so ist die Gewöhnlichkeit nahezu amtlich geworden. Im Übrigen beruht Würde auf Frömmigkeit, auf Furcht ebenso wie auf Liebe; sogar der Sünder hat ein Anrecht auf sichtbare Würde, das heißt, sie drängt sich ihm auf, da er Mensch ist, »geschaffen nach dem Bilde Gottes«, trotz seiner Unzulänglichkeit oder seiner Untreue. Es gibt zwar verderbte Menschen, die würdiges Verhalten vortäuschen – Hochstapler zum Beispiel –, sie tun das aber aus falschen Gründen, somit aus Heuchelei; echte Würde kann nicht vorgetäuscht sein, sie ist definitionsgemäß aufrichtig. Der

---

8 »Eure Perlen sollt ihr nicht vor die Säue werfen«, hat Christus gesagt.

Mensch ist in dem Maße edel, wie er im Grundsätzlichen und damit im Notwendigen aufgeht; im Urbild und nicht im Zufall.

Aus all dem, was wir gerade gesagt haben, ergibt sich, dass der Mensch von »aristokratischer Natur« – wir sprechen nicht von gesellschaftlichen Klassen – derjenige ist, der sich beherrscht und der sich gerne beherrscht; der Mensch von »plebejischer Natur« – mit dem gleichen Vorbehalt – ist dagegen derjenige, der sich nicht beherrscht und der das auch nicht möchte. Sich zu beherrschen heißt im Kern, sich übersteigen zu wollen, entsprechend dem Daseinsgrund jenes zentralen und umfassenden Geschöpfes, das der Mensch ist; tatsächlich lebt der Mensch des »finsteren Zeitalters« unterhalb seiner selbst. Er muss sich also übersteigen – oder das Gleichgewicht zwischen *Mâyâ* und *Âtmâ* wiederherstellen – einem Richtmaß entsprechend, das er in sich selbst trägt, und das alles einschließt, was das Leben lebenswert macht.

Im Grunde ist die entscheidende Frage, zu wissen, was wir sind, oder was der Mensch ist; unsere wahre Identität besteht in unserem Bewusstsein des Wirklichen, des Unwandelbaren, des Höchsten Gutes. Jede psychologische, sittliche, gesellschaftliche und geistige Anthropologie muss ihre Grundlage in diesem Axiom haben; daraus ergibt sich, dass den Menschen zu verteidigen vor allem heißt, ihn gegen sich selbst zu verteidigen.

※

Wir kehren zu unserem ursprünglichen Thema zurück und möchten, auf die Gefahr hin, uns zu wiederholen, noch einmal deutlich sagen, dass die Absicht im Wesentlichen zwei Dimensionen umfasst, oder dass sie ihre Wirkung in zwei Schritten entfaltet: Erstens muss das Gute getan werden, und zweitens muss es gut getan werden. Etwas Gutes zu vollbringen heißt auch, es gut zu vollbringen, denn die Ausführung muss sich auf der Höhe der Vorstellung befinden; das verlangen die

Aufrichtigkeit ebenso wie die Logik. Wie wir oben gesehen haben, umfasst »rechtes Tun« auch, grundsätzlich, wenn nicht tatsächlich immer, eine korrekte Sprache, oder sagen wir, eine der Ausführung entsprechende Ausdrucksweise.

Ein anderer grundlegender Punkt ist die Betonung entweder der Absicht oder der Tat; ein übertriebener Legalismus wird in der rechten Tat ein Unterpfand des Verdienstes und der Tugend sehen, wohingegen eine einende Mystik[9] in der Einhaltung äußerer Vorschriften gerne einen zweitrangigen oder sogar überflüssigen Formalismus sehen wird, zu Recht oder zu Unrecht, je nach dem betrachteten Fall, oder je nach dem geistigen Format des Subjekts. Grundsätzlich übertrifft diese zweite Einstellung die erste, weil das Innere Vorrang vor dem Äußeren hat, oder weil die Absicht eben Vorrang vor der Tat hat; in diesem Fall wird es sich aber um eine echte Absicht handeln, das heißt um eine, die sich selbst genügt und die konkret die Möglichkeiten der verdienstvollen Tat umfasst.[10] Vom Standpunkt Christi aus ist die Einhaltung einer Vorschrift nur unter der zweifachen Bedingung geboten, dass die Vorschrift in angemessener Weise Ausdruck ihres Daseinsgrundes ist, und dass der Mensch im Tun diesen Daseinsgrund in seiner Seele verwirklicht, wie es der König David gesagt hat: »Schlachtopfer und Speiseopfer gefallen dir nicht, aber die Ohren hast du mir aufgetan… dein Gesetz hab ich in meinem Herzen«.

---

9 Dieser Ausdruck sollte im weitesten Sinne verstanden werden und die Gnosis genauso umfassen wie den Weg der Liebe; den *Jñâna* ebenso wie die *Bhakti*.

10 Die Unterscheidung zwischen »Absicht« und »Tat« erinnert an die sich ergänzende Beziehung zwischen »Glauben« und »Werken«. Die spekulativen und die praktischen Meinungsverschiedenheiten, zu denen diese beiden Grundauffassungen in Ost und West geführt haben, sind bekannt.

Bemerkungen zur wohltätigen Liebe

Das Wort »*Caritas*« bedeutet Güte, die sich bekundet, tätige Güte. Theologisch versteht man unter *Caritas* die Liebe Gottes und des Nächsten; in der Alltagssprache bedeutet dieses Wort, wenn es für sich genommen wird, Wohltätigkeit denen gegenüber, die ihrer bedürfen; in gewissen Zusammenhängen bedeutet es aber auch Rücksichtnahme auf die Gefühle anderer. So sagt man üblicherweise: »Sei so lieb, sag ihm das nicht, es könnte ihn betrüben«, oder: »Sei so lieb und tu ihm diesen Gefallen«; all das hat absolut nichts mit Krankenpflege oder Almosen zu tun.

Wenn man der wohltätigen Liebe vorwirft, von »übertriebener Nachsicht« oder »Herablassung« begleitet zu sein, dann hat dieser Vorwurf nur schwer einzuschätzende und weithin ungewisse, gefühlsbetonte Belanglosigkeiten im Blick; denn »lass deine linke Hand nicht wissen, was die rechte tut«, und die einfachste Tugendlehre hat immer verlangt, dass man die Wohltätigkeit so unaufdringlich wie möglich ausübt. Es genügt also, sich das in Erinnerung zu rufen; und das hat nichts mit dem eigentlichen Begriff der Liebe zu tun, zumal die Liebe selbst verlangt, dass sie liebevoll, mithin unaufdringlich ausgeübt wird.

Wenn sich andererseits der, welcher empfängt, gedemütigt oder verletzt fühlt durch die offensichtliche Ungleichheit, die jede Wohltätigkeit mit sich bringt, dann sehr oft deswegen, weil er hochmütig ist, und nicht, weil der Wohltäter Dünkel bekundet. In unserer Zeit systematischer und intensiver Demagogie muss man misstrauisch sein gegenüber unbegründeten und überempfindlichen Protesten von Seiten der »Menschenwürde«. Wenn der Wohltäter sich darum bemühen muss, unaufdringlich zu sein, dann muss sich der Empfänger der Wohltat seinerseits darum bemühen, nicht überempfindlich zu sein; es bedarf der Tugend auf beiden Seiten! Wenn es notwendig ist, jemanden zu »erziehen«, dann muss man den Armen genauso erziehen wie den Reichen, vor allem wenn der Fehler des Ersteren schwerwiegender ist als der des Letzteren, wie es in unserer Zeit allzu oft der Fall ist.

In der Nächstenliebe kann es keine »gleichen Partner« geben, weil derjenige, der hilft oder der gibt, dies aus freien Stücken tut; tut er es nicht aus freien Stücken, handelt es sich nicht um Nächstenliebe. Wenn jemand auf der Straße zusammenbricht, ist es kein Akt der Nächstenliebe, ihm zu helfen; es ist eine menschliche Pflicht. Genauso ist es eine Pflicht, jemandem, der Hunger leidet, etwas zu essen zu geben; das Ausmaß unserer Hilfe ist jedoch eine Frage der Nächstenliebe, denn in dieser Bewertung sind wir frei. Jedes Mal wenn eine Wahl möglich ist bezüglich des Ausmaßes unseres wohltätigen Einschreitens, liegt auf unserer Seite Freiheit vor, und es gibt Ungleichheit zwischen dem, der gibt, und dem, der empfängt; dies beweist die Pflicht zur Dankbarkeit seitens des Letzteren.

Was ausgeschlossen werden muss, ist nicht die Natur der Dinge, das heißt ein natürliches – materielles oder psychologisches – Element der Wohltätigkeit, sondern einzig und allein gefühlsbetonte Missbräuche, die zu allen Zeiten getadelt worden sind. Man muss sich davor hüten, aus dem Empfänger der Wohltätigkeit einen unverschämten Protestler zu machen, der unfähig ist, die Großzügigkeit des anderen zu schätzen; der Mensch, der nicht von ganzem Herzen und ohne sich mit der Psychologie seines Wohltäters zu beschäftigen »danke« sagen kann, ist ein Ungeheuer.

Übrigens stimmt die »Partnerschaft« in der Wohltätigkeit mit der Abschaffung der Achtung gegenüber jeglicher Überlegenheit überein; in einer Welt, in der jeder glaubt, jedem anderen in jeder Beziehung gleich zu sein, gibt es ganz sicher keinen Platz mehr für freie, und damit großherzige und echte, Wohltätigkeit.[1]

Man hat uns gesagt, man solle, anstatt das Elend zu lindern, die Menschen lehren, aus ihm herauszukommen; nun ist diese Seite der Wohltätigkeit äußerst begrenzt, denn die Ursachen des Elends können im Mangel technischer Fertigkeiten liegen; sie können auch in der Unfähigkeit liegen, mit Geld umzugehen, oder sogar in Faulheit; das heißt, sie sind ebenso gut sittlich wie materiell bedingt. Im Übrigen ist der Sinn des Wortes »Elend« ganz verhältnismäßig, denn man benennt so heutzutage Umstände, die zweifellos armselig, aber an sich ganz normal und befriedigend sind, und man tut das mit dem nicht sehr wohltätigen Hintergedanken, neue Absatzmärkte für industrielle Erzeugnisse zu finden; man schafft Bedürfnisse, um Käufer zu finden, und um sie zu finden, muss man den tatsächlichen oder vermeintlichen Armen einerseits weismachen, dass die Nichtbefriedigung dieser Bedürfnisse ein Elend ist, und sie andererseits lehren, was man tun muss, um Geld zu verdienen. Das ist weit entfernt von Wohltätigkeit, ganz gleich, welche Phrasen und Euphemismen man benutzt; und es ist sogar in den meisten Fällen weit entfernt von Wirksamkeit und konkretem Guten.

Wohltätigkeit besteht darin, aus freien Stücken und wirklich denen zu helfen, die der Hilfe bedürfen und sie verdienen.

---

1 Wir haben gehört, dass gesagt worden ist, die überlieferungsmäßige Auffassung der Wohltätigkeit sei falsch, weil sie eine Rangordnung mit sich bringen würde, was ungeheuerlich ist, da sich ja die Rangordnung, und mit ihr die Ungleichheit, überall in der Welt findet und zur Natur des Seins gehört.

Kein Tun ohne Wahrheit

Zu Beginn des zwanzigsten Jahrhunderts wusste kaum jemand, dass die Welt krank ist – Schriftsteller wie Guénon und Coomaraswamy predigten in der Wüste –, wohingegen heutzutage nahezu jeder darum weiß; es ist aber bei weitem nicht der Fall, dass die ganze Welt die Wurzeln des Übels erkennt und Heilmittel findet. Man hört heute oft, dass, um den Materialismus, die Technokratie, die Pseudospiritualität zu bekämpfen, eine neue Ideologie geboten sei, die in der Lage wäre, allen Verführungen und allen Stürmen zu widerstehen und die Gutwilligen mitzureißen; nun ist aber das Verlangen nach einer Ideologie oder der Wunsch, einer Ideologie eine andere entgegenzustellen, bereits ein Eingeständnis der Schwäche, und jegliches sich aus diesem Vorurteil ergebende Tun ist falsch und zum Misserfolg verdammt. Was zu tun ist, ist, falschen Ideologien die Wahrheit entgegenzusetzen, die immer vorhanden war und die wir niemals erfinden könnten, weil sie außerhalb von uns und über uns vorhanden ist. Die heutige Welt ist besessen vom Vorurteil des Dynamismus, als wäre er ein »kategorischer Imperativ« und ein Allheilmittel, und als hätte der Dynamismus eine Bedeutung und eine Wirksamkeit außerhalb der schlichten und einfachen Wahrheit.[1]

Kein Mensch im Vollbesitz seiner Fähigkeiten kann es wollen, einen Irrtum durch einen anderen zu ersetzen, sei er nun »dynamisch« oder nicht; bevor man von Stärke und Wirksamkeit spricht, muss man von der Wahrheit sprechen und von

---

1 Im Volksmund nennt man dies »den Karren vor das Pferd spannen«. Wir erinnern uns daran, dass man während einer Wirtschaftskrise – es ist schon lange her – davon gesprochen hat, »eine Mystik der Wiederbelebung zu schaffen«; als ob die Zwangsläufigkeiten des Industrialismus eingebildete, durch Autosuggestion heilbare Krankheiten wären, und als ob Autosuggestion subjektive Hirngespinste in objektive Wirklichkeiten verwandeln könnte.

nichts anderem. Eine Wahrheit ist in dem Maße wirksam, wie wir uns ihr angleichen; wenn sie uns nicht die Stärke gibt, derer wir bedürfen, beweist dies einfach nur, dass wir sie nicht begriffen haben. Es ist nicht an der Wahrheit, »dynamisch« zu sein, es ist an uns, kraft der Wahrheit dynamisch zu sein. Was der heutigen Welt fehlt, ist eine scharfe und umfassende Erkenntnis der Natur der Dinge; die grundlegenden Wahrheiten stehen immer zur Verfügung, sie setzen sich aber nicht bei denen durch, die sich weigern, sie in Betracht zu ziehen.

Es versteht sich von selbst, dass es hier nicht um die rein äußerlichen Gegebenheiten geht, welche die experimentelle Wissenschaft uns liefern kann, sondern um Wirklichkeiten, mit welchen diese Wissenschaft nicht umgeht und nicht umgehen kann, und die uns durch ganz andere Kanäle übermittelt werden, namentlich durch die der mythologischen Sinnbildlichkeit und der Metaphysik, um nicht von der intellektuellen Intuition zu sprechen, deren Möglichkeit grundsätzlich in jedem Menschen wohnt. Die sinnbildliche Sprache der großen Überlieferungen der Menschheit mag manchen Gemütern schwierig und verwirrend erscheinen, sie ist aber gleichwohl zu verstehen im Lichte rechtgläubiger Kommentare; die Sinnbildlichkeit, das muss an dieser Stelle betont werden, ist eine echte und strenge Wissenschaft, und nichts ist irriger als zu glauben, ihre scheinbare Einfältigkeit habe ihren Ursprung in einer ungebildeten und »prälogischen« Denkungsart. Diese Wissenschaft, die wir als »heilig« kennzeichnen können, kann sich nicht an die experimentelle Verfahrensweise der Moderne anpassen; der Bereich der Offenbarung, der Sinnbildlichkeit, der reinen intellektuellen Erkenntnis geht ganz offensichtlich über die physikalische und psychische Ebene hinaus, und er befindet sich demzufolge jenseits des Bereiches der Verfahrensweisen, die wissenschaftlich genannt werden. Wenn wir glauben, die Sprache der überlieferten Sinnbildlichkeit nicht anerkennen zu können, weil sie uns phantastisch und willkürlich erscheint, dann zeigt das nur, dass wir diese Sprache noch nicht verstanden haben, und sicher nicht, dass wir über sie hinausgeschritten sind.

Es ist recht bequem zu behaupten, wie es in unserer Zeit so scheinbar überzeugend geschieht, dass die Religionen im Lauf der Jahrhunderte ihrem eigenen Ansehen geschadet haben, und dass sie heute keine Rolle mehr spielen. Wenn man weiß, worin eine Religion tatsächlich besteht, dann weiß man auch, dass die Religionen ihrem eigenen Ansehen nicht schaden können und dass sie unabhängig von menschlichem Missbrauch sind; tatsächlich hat nichts, was Menschen tun, die Macht, sich auf die überlieferten Lehren, die Sinnbilder und die Riten auszuwirken, selbstverständlich nur solange, wie die Machenschaften des Menschen auf ihrer Ebene bleiben und sie nicht gegen heilige Dinge ankämpfen. Die Tatsache, dass ein Einzelner die Religion ausnützen kann, um nationale oder private Interessen zu stützen, wirkt sich in keiner Weise auf die Religion als Botschaft und Vermächtnis aus.

Die Überlieferung spricht zu jedem Menschen in der Sprache, die er verstehen kann, unter der Bedingung, dass er wirklich zuhören will; dieser Vorbehalt ist wesentlich, denn die Überlieferung, wiederholen wir es, kann nicht »in Konkurs geraten«; es ist der Konkurs des Menschen, über den man vielmehr sprechen sollte, denn er ist es, der die Ahnung für das Übernatürliche und den Sinn für das Heilige verloren hat. Es ist der Mensch, der sich von den Entdeckungen und den Erfindungen einer unrechtmäßigerweise alles erfassen wollenden Wissenschaft hat verführen lassen, das heißt einer Wissenschaft, die nicht ihre eigenen Grenzen erkennt, und die deshalb nichts von dem weiß, was über sie hinausgeht. In den Bann geschlagen von wissenschaftlichen Phänomenen ebenso wie von fehlerhaften Schlüssen, die er daraus zieht, ist der Mensch am Ende von seinem eigenen Schaffen überwältigt worden; er ist nicht bereit sich klarzumachen, dass sich eine überlieferte Botschaft auf einer völlig anderen Ebene befindet, und wie viel wirklicher diese Ebene ist. Die Menschen lassen sich umso leichter blenden, als der Wissenschaftsglaube ihnen alle Entschuldigungen gibt, die für die Rechtfertigung ihres Anhaftens an der Welt der Erscheinungen und demzufolge auch für ihre Flucht vor jeglicher Form der Gegenwart des Absoluten erforderlich sind.

Der spinozistische, deistische, kantianische und freimaurerische Humanismus beabsichtigte, einen vollkommenen Menschen außerhalb der Wahrheiten zu verwirklichen, die dem Phänomen Mensch seinen ganzen Sinn geben.[2] Da man einen Gott durch einen anderen ersetzen musste, führte dieser falsche Idealismus zum Missbrauch der Intelligenz, der bezeichnend ist für das neunzehnte Jahrhundert, namentlich für die Wissenschaftsgläubigkeit und mit ihr für den Industrialismus; dieser sollte eine neue Ideologie nach sich ziehen, die ebenfalls zugleich flach und explosiv war, nämlich jenen paradoxerweise unmenschlichen Humanismus, welcher der Marxismus ist. Der innere Widerspruch des Letzteren besteht darin, dass er eine vollkommene Menschheit aufbauen will, indem er den Menschen zerstört; das heißt, die kämpferischen Atheisten, die eher leidenschaftlich als wirklichkeitsnah sind, wollen darüber hinwegsehen, dass die Religion gewissermaßen eine Frage der Ökologie ist. Wenn man einräumt, dass die Religion ein Element von »Opium« enthält – nicht nur »für das Volk« –, dann ist dieses Element »ökologisch« unverzichtbar

---

2 Ein Humanismus, den wir als »Prä-Atheismus« kennzeichnen könnten, da er dem Atheismus im eigentlichen Sinne den Boden bereitet oder die Tür geöffnet hat.

für das Seelenleben des Menschen; sein Fehlen zieht jedenfalls unvergleichlich schwerwiegendere Missbräuche nach sich als sein Vorhandensein, denn es ist besser, gute Träume zu haben als Albträume. Wie dem auch sei, allein die Religion oder die Geistigkeit bietet jene vollständige Bedeutung und jenes in der gottförmigen Natur des Menschen verankerte Glück dar, ohne die das Leben weder verständlich noch lebenswert ist.

Ein billiges Argument gegen die Religionen lautet wie folgt: Die Religionen und die Konfessionen widersprechen einander, also können sie nicht alle Recht haben; folglich ist keine wahr. Es ist so, als ob man sagen würde: Jedes Individuum behauptet, »ich« zu sein, also können nicht alle Recht haben; folglich ist niemand »ich«; dies kommt der Behauptung gleich, dass es nur einen Menschen gibt, der den Berg sieht, und dass der Berg nur eine Seite hat, die sich dem Blick darbietet. Allein die überlieferungstreue Metaphysik lässt der Strenge der Objektivität und den Rechten der Subjektivität Gerechtigkeit widerfahren; sie allein ist in der Lage, die Einmütigkeit der heiligen Lehren ebenso zu erklären wie ihre formhaften Unterschiede.

»Wenn der niedrigstehende Mensch vom Tao hört, so lacht er darüber; es wäre nicht das Tao, wenn er nicht darüber lachte… Die innere Offenkundigkeit des Tao wird für Dunkelheit gehalten.« Diese Worte von Lao-Tse sind aktueller als je zuvor; ohne Zweifel muss es Irrtümer und Dummheiten geben, solange ihre ganz verhältnismäßige Möglichkeit nicht ausgeschöpft ist; es sind aber sicher nicht sie, die das letzte Wort haben werden.

❋

Ein Punkt, den wir betonen möchten, auf die Gefahr hin, uns zu wiederholen, ist der folgende: Man spricht gerne von der Pflicht, sich für die Gesellschaft nützlich zu machen, man versäumt es aber, die Frage zu stellen, ob diese Gesellschaft nützlich ist, das heißt, ob sie den Daseinsgrund des Menschen und damit den einer menschlichen Gemeinschaft verwirklicht; wenn der Einzelne nützlich für die Gemeinschaft sein muss, dann muss diese ganz offensichtlich ihrerseits nützlich für den Einzelnen sein. Die Beschaffenheit des Menschen beinhaltet, dass die Gemeinschaft nicht Ziel und Daseinsgrund des Menschen sein kann, sondern dass es im Gegenteil der Einzelne ist, der in seinem Alleinstehen vor dem Absoluten und damit in der Ausübung seines höchsten Amtes Ziel und Daseinsgrund der Gemeinschaft ist. Der Mensch, ganz gleich ob er in der Einzahl oder in der Mehrzahl betrachtet wird, ist gleichsam ein »Bruchstück der Absolutheit«, und er ist für das Absolute geschaffen; er hat keine andere Wahl. Man kann das Gesellschaftliche in Abhängigkeit von der Wahrheit definieren, man kann aber nicht die Wahrheit in Abhängigkeit vom Gesellschaftlichen definieren.

Diese Überlegungen führen uns zur unnützerweise strittigen Frage des »Altruismus«: Es gibt »Idealisten«, in Indien so wie im Westen – es ist der Sentimentalismus eines Vivekânanda –, die gerne denjenigen Vorwürfe machen, »welche ihr eigenes Heil suchen«, statt sich mit dem Heil anderer abzugeben. Eine sinnwidrige Wahl, denn eins von beiden: Entweder ist es möglich, andere zu retten, oder es ist unmöglich; wenn es möglich ist, heißt es auch, dass wir zunächst unser persönliches Heil suchen, ansonsten es unmöglich ist, andere zu retten; jedenfalls tut man niemandem einen Gefallen, wenn man dabei hübsch bei seinen eigenen Fehlern bleibt. Wer fähig ist, ein Heiliger zu sein, es aber unterlässt, es zu werden, kann niemand anderen retten; dies ist schlicht und einfach Heuchelei, um seine eigene Schwachheit und Lauheit hinter einem Schirm guter Werke zu verbergen. Ein anderer Irrtum, der mit dem, über den wir gerade gesprochen haben, verwandt ist, besteht darin zu glauben, die beschauliche Geistigkeit stehe im Gegensatz zur Tat oder mache den Menschen unfähig zu handeln; eine Auffassung, die von allen heiligen Schriften widerlegt wird, namentlich von der *Bhagavad-Gîtâ*.

Kein Tun außerhalb der Wahrheit: Dies ist der erste Handlungsgrundsatz, was aber keine Gewähr für Erfolg sein kann; dennoch muss der Mensch seine Pflicht tun, ohne sich zu fragen, ob er den Sieg erringen wird oder nicht, denn die Treue zu Grundsätzen hat ihren inneren Sinn, sie trägt ihre Frucht in sich selbst, und sie bedeutet *ipso facto* einen Sieg in der Seele des Handelnden. Wir befinden uns im »eisernen Zeitalter«, und der äußere Sieg kann nur durch göttliches Eingreifen eintreten; gleichwohl vermag logisch und geistig richtiges Tun unberechenbare Wirkungen zu zeitigen und in jedem Fall Teilwirkungen, außerhalb von uns ebenso wie in den Seelen.

Sich des Wirklichen bewusst sein

Der Daseinsgrund des menschlichen Erkenntnisvermögens, und demzufolge des Menschen, ist das Bewusstsein des Unbedingten, jenseits, aber auch innerhalb des Bewusstseins der Bedingtheiten. Wenn es dazu da wäre, sich in Belanglosigkeiten zu zerstreuen oder ein ameisenartiges Leben zu führen, wäre es der Mühe nicht wert, in den menschlichen Zustand geboren zu werden, und das – auf einen unnützen Luxus beschränkte – Phänomen des menschlichen Erkenntnisvermögens wäre nicht zu erklären.

In Verbindung mit der Berufung des Menschen muss man das ontologische Argument des heiligen Anselm richtig verstehen: Es bedeutet nicht, dass die Fähigkeit, sich irgendetwas vorzustellen, das Dasein der vorgestellten Sache beweist; es bedeutet, dass die Fähigkeit, Gott zu begreifen, eine geistige Spannweite beweist, die nur durch die Wirklichkeit Gottes zu erklären ist. Demselben Kirchenlehrer zufolge kommt der Glaube vor der Erkenntnis (*credo ut intelligam*); kurz gesagt, wird der Glaube hier als die Befähigung zur intellektuellen Erkenntnis dargestellt, das heißt, um verstehen zu können, muss man den Sinn für das Transzendente und das Heilige besitzen. Das Umgekehrte gilt aber auch: »Ich verstehe, um zu glauben« (*intelligo ut credam*) – was niemand je gesagt hat – könnte bedeuten, dass es, bevor man eine gleichsam daseinsmäßige Gewissheit von transzendenten Wirklichkeiten besitzt, wichtig ist, die Lehre zu verstehen. In gewisser Hinsicht ist die Empfänglichkeit des Herzens der Schlüssel zur metaphysischen Wahrheit, die sich im Gedanklichen widerspiegelt; in anderer Hinsicht ist diese begriffliche Erkenntnis der Schlüssel zur Wissenschaft des Herzens.

»Selig sind, die nicht sehen und doch glauben«: Es geht hier um den äußeren Menschen, der im Labyrinth der Erscheinungen versunken ist. Glaube ist die Vorahnung des Transzendenten; Unglaube rührt aus der Eisschicht her, die das Herz bedeckt und jede Vorahnung ausschließt. In der Sprache der Mystik ist das menschliche Herz entweder »flüssig« oder »verhärtet«; man hat es auch mit einem Spiegel verglichen, der entweder poliert oder rostig ist. »Diejenigen, die doch glauben«: diejenigen, welche die Vorahnung des Übernatürlichen über ein schlussfolgerndes Denken stellen, das flach und von seinen Wurzeln abgeschnitten ist.

Die Berufung des Menschen, haben wir gesagt, besteht im Bewusstsein des Unbedingten; das Gleichnis von der beharrlich bittenden Witwe und dem ungerechten Richter erinnert uns daran, dass dieses Bewusstsein, das »jetzt« ist, »immer« sein muss, das heißt, dass sein Inhalt das Ganze verlangt; es muss »immer« sein, andernfalls ist es »nie«. Indessen kann »betet ohne Unterlass«, wie es der heilige Paulus verlangt, keine vollkommene Fortdauer bedeuten, die im irdischen Leben nicht zu verwirklichen ist; tatsächlich kommt es zur Beharrlichkeit durch – strenge oder annähernde – Rhythmen, die die Aufgabe der Beständigkeit erfüllen. Die unvermeidlichen Lücken zwischen den geistigen Handlungen sind Behälter der Gnade – die Engel tun für uns, was wir nicht tun können –, sodass das Gebetsleben unter keiner Unterbrechung leidet.

Nichts gibt uns das Recht, das Wesentliche zu vergessen; gewiss ist unser irdisches Dasein aus Vergnügen und Arbeit, aus Freude und Leid, aus Hoffnung und Furcht gewoben, aber all das hat kein gemeinsames Maß mit dem Bewusstsein des Unbedingten und mit unserer gleichsam seinsmäßigen Pflicht, es wach zu halten. »Lass die Toten ihre Toten begraben«, hat

Christus gesagt, und er hat hinzugefügt: »Und folgt mir nach!«, nämlich in Richtung auf das »Reich Gottes inwendig in euch«.[1]

Um uns selbst in dieser Weise treu zu bleiben, benötigen wir unwiderlegbare Argumente: Schlüssel, die uns ermöglichen, im Bewusstsein des Höchsten Gutes zu bleiben trotz der Verwirrung der Welt und der Seele. Das grundlegende Argument besteht darin, dass »*Brahma* wirklich, die Welt trügerisch ist« (*Brahma satyam jagan mithyâ*), was allen Listen der irdischen *Mâyâ* ein Ende bereitet; ohne Zweifel ist dieses Argument intellektuell und psychologisch äußerst anspruchsvoll, setzt es doch eine greifbare Vorahnung des Wirklichen und nicht nur einen abstrakten Gedanken voraus; zudem muss es von anderen Schlüsselvorstellungen begleitet werden, die näher an unserer irdischen und täglichen Erfahrung sind.

Auf der Ebene unserer menschlichen Beziehung zu Gott ist das erste Argument, das sich aufdrängt, die Offensichtlichkeit, dass die Welt nichts anderes sein kann, als was sie ist, und dass wir sie nicht ändern können, dass wir uns demzufolge in das fügen müssen, was nicht nicht sein kann, und jeder Versuchung der Auflehnung – sogar der unbewussten – gegen das Schicksal und gegen die Natur der Dinge widerstehen; dies ist es, was man »den Willen des Himmels hinnehmen« nennt. Mit der Eigenschaft der Ergebung vereinigt sich die des Vertrauens: Die Gottheit ist in ihrem Kern wohlwollend, die ihr innewohnende Güte hat Vorrang vor ihrer gleichsam beiläufigen Strenge; sich dessen bewusst zu sein, heißt, im Frieden zu bleiben und zu wissen, dass alles in Gottes Händen liegt.

In vielen Fällen ist es nur von geringer Bedeutung, dass unser gutes Recht gewahrt bleibt; Ichbezogenheit – oder sagen

---

1 Dieselbe Bedeutung hat dieser andere Ausspruch: »Wenn du aber betest, so geh in dein Kämmerlein und schließ die Tür zu und bete zu deinem Vater, der im Verborgenen ist...« Ähnlich: »Wer die Hand an den Pflug legt und sieht zurück, der ist nicht geschickt für das Reich Gottes.«

wir, die Einstellung, sich keinerlei Ungerechtigkeit gefallen zu
lassen – ist eine schwerwiegende Klippe in unserem Verhältnis zum Himmel, und deshalb hat Christus vorgeschrieben,
seine Feinde zu lieben[2] und die linke Wange hinzuhalten. Mit
einem Wort, man muss wissen, wie man sich selbst angesichts
Gottes und im Hinblick auf unser letztes Ziel vergisst, zumal
wir schlussendlich nur in diesem Umfeld der Loslösung Zugang zur zugleich transzendenten und immanenten Gewissheit
haben können, dass »die Seele nichts anderes ist als *Brahma*«
(*jivo brahmaiva nâparah*).[3]

Mit den Eigenschaften der Ergebung und des Vertrauens
muss sich die der Dankbarkeit vereinigen: Ganz oft vermag die
Erinnerung an gute Dinge, derer wir uns erfreuen – und deren
andere sich möglicherweise nicht erfreuen –, eine Prüfung zu
erleichtern und zur heiteren Gelassenheit beizutragen, welche
das Bewusstsein des Unbedingten erfordert. Ein weiteres Argument schließlich fußt auf unserer Freiheit: Wir sind frei, das
zu tun, was wir tun wollen, das zu sein, was wir sein wollen;
keine Verführung und keine Prüfung kann uns daran hindern,
Zuflucht zum erlösenden Bewusstsein des Höchsten Gutes zu
nehmen.

In unserem Bewusstsein Gottes trifft unser Wunsch nach
Befreiung auf den Willen Gottes, uns zu befreien; das Gebet ist
gleichzeitig eine Frage und eine Antwort. Wenn »Schönheit der
Glanz des Wahren« ist, kann man dasselbe von der Güte sagen;

2 Dies ist nicht die Verdammung der Verteidigung eines lebenswichtigen
Rechts, sondern der Übertreibung in der Verteidigung dieses Rechts; Gerechtigkeit ist nicht Rache.

3 Ein Bewusstsein, das einerseits das Ich übersteigt und andererseits zu
seiner die Person übersteigenden Wesenheit gehört.

wenn das Gute bestrebt ist, sich mitzuteilen, dann deshalb, weil es uns befreien will.

Die Anweisung Christi, »Gott zu lieben von ganzem Herzen, von ganzer Seele und mit all deinem Denken«, erinnert uns daran, dass das Bewusstsein des Unbedingten unbedingt ist: dass wir das, was allein ist, nur mit all dem, was wir sind, erkennen und lieben können. Die Einzigkeit des Objekts erfordert die Ganzheit des Subjekts; was darauf hinweist, dass sich Objekt und Subjekt letzten Endes in der reinen Wirklichkeit vereinigen, die zugleich ununterschiedene Wesenheit und letzte Ursache, also Quelle aller Unterscheidungen ist. Wer unbedingt sagt, sagt unendlich und folglich Kundgabe und Mannigfaltigkeit; und die Vergegenständlichung des Guten zieht seinsmäßig die Rückkehr zum Guten nach sich.

Unterscheidung und Schau; Sammlung und Beharrlichkeit; Ergebung und Vertrauen; Demut und selbstlose Liebe. Geistigkeit ist das, was der Mensch ist: Geschaffen aus Erkenntnisvermögen, aus Willen und aus Gefühl – alle drei Fähigkeiten haben die grundsätzliche Eigenschaft der Objektivität, sonst wären sie nicht menschlich –, besteht die Geistigkeit aus den Grundbestandteilen Wahrheit, Weg und Tugend; diese führt zu zwei sich gegenseitig ergänzenden Polen, der Demut und eben der selbstlosen Liebe. Mit dem Weg ist die Wahrheit verbunden; mit der Tugend sind die Wahrheit und der Weg verbunden.

Die Demut setzt – im Bereich der Sittlichkeit – das Element Wahrheit oder Erkenntnis fort, weil dieses uns die Größenverhältnisse der Dinge lehrt; der Mensch kann die metaphysische Wirklichkeit nicht erkennen, ohne sich selbst zu erkennen. Die selbstlose Liebe setzt ihrerseits das Element Weg oder Verwirklichung fort, weil dieses sich wesentlich an die Gnade wendet; der Mensch kann keine Barmherzigkeit verdienen, ohne selbst barmherzig zu sein. Wer sich selbst ungerechtfertigt erhöht, wird erniedrigt werden, und wer sich – in Übereinstimmung mit der Natur der Dinge – erniedrigt, wird erhöht werden, und zwar durch Teilnahme an der Erhöhung des Wirklichen. Und weiter: Wer ungerechtfertigt seinen Nächsten zurückweist, der wird von Gott zurückgewiesen werden, und wer seinen Nächsten – in Übereinstimmung mit Gerechtigkeit und Großherzigkeit – annimmt, den wird Gott annehmen, er, der im »Nächsten« verborgen ist kraft der Allgegenwart des Selbst. Man wird verstanden haben, dass sich die Nächstenliebe eher auf die Immanenz, und die Demut eher auf die Transzendenz bezieht.

A priori ist Metaphysik abstrakt; sie könnte aber nicht das sein, was sie ist, wenn sie nicht *a posteriori* zu greifbaren Auswirkungen auf der Ebene unseres menschlichen und irdischen Daseins führen würde. Die Wirklichkeit umfasst alles, was ist; das Bewusstsein des Wirklichen schließt alles ein, was wir sind.

Der befreiende Übergang

Vom Standpunkt der Transzendenz aus gibt es ganz offensichtlich eine Unterbrechung zwischen dem göttlichen Urgrund und seiner Kundgabe; vom Standpunkt der Immanenz aber gibt es einen Zusammenhang. Entsprechend der ersten Beziehung werden wir von »Kundgabe und nicht Urgrund« sprechen; entsprechend der zweiten von »kundgegebenem Urgrund, also immer noch Urgrund«. Liegt Unterbrechung vor, unterscheiden wir zwischen Wesen und Form; liegt Zusammenhang vor, unterscheiden wir zwischen Substanz und Akzidens. In beiden Fällen gibt es Wirklichkeit und Schleier; Absolutheit und Verhältnismäßigkeit.

Um weniger abstrakt zu sein, erklären wir genauer, dass das Akzidens für die Substanz das ist, was Eis oder Dampf für das Wasser ist, und dass die Form für das Wesen das ist, was die Widerspiegelung für die Sonne ist; oder noch einmal auf einer anderen Ebene: Das Verhältnis zwischen Partizip und Verb gleicht dem zwischen Akzidens und Substanz, und das Verhältnis zwischen Wort und bezeichnetem Ding gleicht dem zwischen Form und Wesen. Dasselbe auf der geistigen Ebene: Wenn wir zwischen dem Sinnbild und seinem Urbild, der »Idee« (εἶδος),[1] unterscheiden, beziehen wir uns auf das unterbrochene und unbewegte Verhältnis »Form-Wesen«; wenn wir aber zwischen dem Ritus und seiner Wirkung unterscheiden, beziehen wir uns auf das Verhältnis »Akzidens-Substanz«, das zusammenhängend und bewegt ist. Das heißt, das Akzidens ist

---

1 Oder dem »Paradigma«, das die Idee ist, wenn sie unter dem Anblick des anfänglichen Richtmaßes oder des himmlischen Ideals betrachtet wird.

eine »Erscheinungsweise« der Substanz, während die Form ein »Zeichen« für das Wesen ist.[2]

Jedes heilige Sinnbild ist eine »erleuchtende Form«, die zu einem »befreienden Ritus« einlädt; die »Form« enthüllt uns das Wesen, während der »Ritus« uns wieder zur Substanz zurückbringt, zu der, die wir sind, der einzigen, die ist. All dies betrifft einerseits die heilige Kunst, die »Liturgie«, und andererseits die Schönheiten der Natur; dies betrifft auch, umso mehr, die Sinnbildlichkeit der Begriffe und die Riten der Angleichung. Sehen des Wesens durch die Form und Rückkehr zur Substanz mittels des Ritus.

Es gibt das sichtbare Sinnbild und das hörbare Sinnbild, dann die sinnbildliche Handlung, die alle den Übergang vom Äußeren zum Inneren, vom Akzidens zur Substanz bewirken, und dadurch auch den Übergang der Form zum Wesen.[3] Machen wir bei dieser Gelegenheit die Bemerkung, dass der edle und tiefgründige Mensch dazu neigt, die Substanz in den Akzidentien zu sehen, wohingegen der niedriger stehende Mensch nur Akzidentien sieht und dazu neigt, Kundgaben der Substanz auf eine trivialisierende Akzidentalität zu beschränken. Der Sinn für das Heilige und für das Himmlische ist der Maßstab für den Wert des Menschen.[4]

---

2 Gleichwohl sind die Ausdrücke »Substanz« und »Wesen« gleichbedeutend, insofern sie einfach den urbildlichen Inhalt einer Erscheinung bezeichnen.

3 Auf besonders unmittelbare Weise fördern Musik und Tanz einen Übergang – auf welcher Stufe auch immer – vom Akzidens zur Substanz; und dies ist vor allem die Bedeutung des Rhythmus. Dasselbe gilt für die heilige Nacktheit und jede beschauliche Zuflucht zur unberührten Natur, dem Ur-Heiligtum.

4 Was der allzu schnellen und barbarischen Unterscheidung zwischen »Wilden« und »Zivilisierten« ein Ende bereitet.

✳

Stellt man also die Begriffe »Form« und »Wesen« einander gegenüber, dann wird man sagen, dass es Unterbrechung gibt; stellt man die Begriffe »Akzidens« und »Substanz« einander gegenüber, wird man sagen, dass es Zusammenhang gibt. Betrachtet man aber einerseits die Übereinstimmung der Form mit dem Wesen und andererseits die Kundgabe des Wesens in der Form, oder betrachtet man – was praktisch auf dasselbe hinausläuft – die Übereinstimmung des Akzidens mit der Substanz und die Kundgabe der Substanz im Akzidens, dann stellt sich die Frage der Unterbrechung oder des Zusammenhangs nicht. Denn die Übereinstimmung, die »aufsteigend« ist, ist, ebenso wie die Kundgabe, die »absteigend« ist, ganz unabhängig von der besagten Unterscheidung.

Das göttliche Sinnbild ist definitionsgemäß auf paradoxe Weise mehrdeutig: Einerseits »ist es Gott« – das ist sein Daseinsgrund –, und andererseits »ist es nicht Gott« –das ist seine irdische Stofflichkeit; es ist »Bild«, weil es Kundgabe und nicht Urgrund ist, und es ist teilhabende Ausströmung und befreiendes Sakrament, weil es *Âtmâ* in *Mâyâ* ist. Der menschliche Leib ist als solcher – nicht in einer bestimmten geschmälerten Form – Sinnbild und Sakrament, weil er »geschaffen ist nach dem Bilde Gottes«: Aus diesem Grunde ist er das Objekt der Liebe schlechthin, nicht unter Ausschluss der Seele, die ihn bewohnt, sondern zusammen mit dieser Seele, denn der menschliche Leib hat seine Gestalt nur kraft des Inhalts, für den er geschaffen ist. Der Leib lädt durch seine gottförmige Gestalt zur Verehrung ein, und deshalb kann er Träger einer grundsätzlich erlösenden himmlischen Gegenwart sein; diese Gegenwart ist aber, worauf Platon hingewiesen hat, nur für die beschauliche, nicht von Leidenschaft beherrschte Seele zugänglich, und zwar unabhängig von der Frage, ob der Betreffende ein Asket ist oder verheiratet. Geschlechtlichkeit bedeutet nicht tierisches Wesen, außer beim gefallenen und somit unter sein eigenes Wesen abgesunkenen Menschen; beim Menschen, der seinem eigentlichen Wesen entspricht, ist die Geschlechtlichkeit durch das bestimmt, was das Vorrecht des Menschen ausmacht, und wovon eben die gottförmige Gestalt seines Leibes zeugt.

Und das bringt uns wieder zu unserer Unterscheidung zwischen Wesen und Substanz: Der männliche Pol bezieht sich auf die Wesenhaftigkeit und die Transzendenz, und der weiblich Pol auf die Substanzialität und die Immanenz. Die Flugbahn zum Höchsten Gut – das zugleich das Absolute und das Unendliche ist – enthält notwendigerweise gleichsam männliche und weibliche Weisen; *a priori et grosso modo* gehört die Wahrheit zur Strenge und zur Gerechtigkeit, und der Weg zur Milde und zur Barmherzigkeit. Wenn der Mann die Frau liebt, liebt er im Grunde die Unendlichkeit und die Güte; wenn die Frau den Mann liebt, liebt sie im Grunde die Absolutheit und die Macht, denn das All ist gewoben aus Geometrie und Musikalität, aus Kraft und aus Schönheit.

Transzendenz – haben wir oben gesagt – bedeutet Unterbrechung zwischen dem Urgrund und seiner Kundgabe, also Trennung, und Immanenz bedeutet Zusammenhang, also Vereinigung; so kommt es, dass die göttliche Männlichkeit uns, zusammen mit der Unnachgiebigkeit der Natur der Dinge, die Grundsätze auferlegt, die auf das Unwandelbare zurückgehen, und dass die göttliche Weiblichkeit uns dagegen, zusammen mit der ganzen Freiheit, über welche die göttliche Liebe verfügt, die unwägbaren Gnaden gewährt, die das Wunder der Erlösung bewirken.

ANHANG

Anmerkungen des Übersetzers

Vorrechte des menschlichen Zustandes

7: »*inwendig in euch*«: vgl. Lk 17,21.

11: *princeps mundi huius*: vgl. Joh 14,25.

13: *eckhartschen Begriffe der überontologischen und damit überpersönlichen* »*Gottheit*« *und des* »*ungeschaffenen Intellekts*« *(aliquid ... increatum et increabile):* Meister Eckhart (um 1260 bis 1328) wirkte als Dominikanermönch in Erfurt, Paris, Straßburg und Köln. In seinen Schriften, zu denen auch viele deutsche Predigten gehören, spricht er von der Einswerdung des »Seelengrundes« mit Gott. Dieser »Seelengrund« sei göttlich und ungeschaffen. Der Meister Eckhart zugesprochene Satz: *Aliquid est in anima, quod est increatum et increabile; si tota anima esset talis, esset increata et increabilis; et hoc est intellectus* (»Es ist etwas in der Seele, das unerschaffen und unerschaffbar ist; wenn die ganze Seele solcherart wäre, so wäre sie unerschaffen und unerschaffbar; und dies ist der Intellekt«) findet sich in dieser Formulierung in der Bulle *In agro dominico* (1329), in der Eckhart der Ketzerei beschuldigt wurde. Er nahm den Satz daraufhin zurück, insofern er »von den Gläubigen missverstanden werden könne«. In der Deutschen Predigt 13 *Vidi supra montem Sion* hatte er geschrieben: »Eine Kraft ist in der Seele, von der ich schon öfter gesprochen habe, – wäre die Seele ganz so, so wäre sie ungeschaffen und unerschaffbar. Nun ist dem nicht so. Mit dem übrigen Teil <ihres Seins> hat sie ein Absehen auf und ein Anhangen an die Zeit, und da<-mit> berührt sie die Geschaffenheit und ist geschaffen – <es ist> die Vernunft: dieser Kraft ist nichts fern noch draußen. Was jenseits des Meeres ist oder über tausend Meilen entfernt, das ist ihr ebenso eigentlich bekannt und gegenwärtig wie diese Stätte, an der ich stehe. Diese Kraft ist eine Jungfrau und folgt dem Lamm nach, wohin es auch geht. Diese Kraft nimmt Gott ganz entblößt in seinem wesenhaften Sein; sie ist eins in der Einheit, nicht gleich in der Gleichheit.«[1] Meister Eckhart schreibt in seiner Predigt 109 *Noli timere eos*: »Gott und Gottheit sind so weit voneinander verschieden wie Himmel und Erde. [...] Alles das, was in der Gottheit ist, das ist Eins, und davon kann man nicht reden. Gott wirkt, die Gottheit wirkt nicht, sie hat auch nichts zu wirken, in ihr ist kein Werk; sie hat niemals nach einem Werke ausgelugt. Gott und Gottheit sind unterschieden durch Wirken und Nichtwirken.«

15: *wohlbekannte platonische Formel*: »Die Schönheit ist der Glanz des Wahren«, ein Ausspruch, den der Verfasser Platon (427–347 v. Chr.) zuschreibt.

19: *O beata certitudo, o certa beatitudo!* (o selige Gewissheit, o gewisse Seligkeit): Der ursprüngliche Satz *o beata solitudo, o sola beatitudo* (o seliges Alleinsein, o alleinige Seligkeit) wird dem heiligen Bernhard von Clairvaux (1090–1153) zugesprochen.

Der Mensch in der kosmogonischen Vergegenständlichung

22: *dass das Gute bestrebt ist, sich mitzuteilen*: Der heilige Augustinus (354–430), Bischof der nordafrikanischen Stadt Hippo und einer der bedeutendsten Kirchenlehrer der westlichen Kirche, brachte dies in der Formel *bonum diffusivum*

---

1   Meister Eckhart, Werke I, Deutscher Klassiker Verlag, Frankfurt 2008, S. 159.

sui (»das sich selbst ausbreitende Gute«) zum Ausdruck: »Weil Gott gut ist, leben wir« (*De doctrina christiana*, 1.31).

22: *Tanzes der Gopis um Krishna*: Die Hinduüberlieferung berichtet von dem Spiel des *Avatâra* Krishna, der achten Verkörperung des Hindugottes Vishnu, mit den Gopis, Hirtenmädchen.

26: *princeps mundi huius*: vgl. die Anmerkung zu Seite 11.

27: *Titanismus, Ikarismus, Babelismus, Szientismus und Zivilisationismus*: Die *Titanen* sind Riesen in der griechischen Mythologie. *Ikarus* stürzte beim Versuch zu fliegen ab, als er so hoch hinaufstieg, dass die Sonne das Wachs seiner Flügel schmolz. *Babelismus* bezieht sich auf den Turmbau zu Babel (Gen 11,1–9). Alle genannten Begriffe stehen für die Auflehnung des Menschen gegen den Himmel und für den Versuch, sich die Rolle der Gottheit anzumaßen.

28: *Lallâ Yogîshwarî* (1320–1392) war eine Mystikerin und Dichterin aus Kaschmir.

32: »*Was ihr getan habt einem von diesen meinen geringsten Brüdern, das habt ihr mir getan*«: vgl. Mt 25,40.

32: *Formel des heiligen Irenäus*: »*Gott ist Mensch geworden, auf dass der Mensch Gott werde*«: Der hl. Irenäus (um 296 bis 373) schreibt in seinem Werk *Contra haereses* (3,19): »Dazu nämlich ist das Wort Gottes Mensch geworden und der Sohn Gottes zum Menschensohn, damit der Mensch das Wort in sich aufnehme und, an Kindesstatt angenommen, zum Sohn Gottes werde.« Der hl. Athanasius (um 296 bis 373) drückt es in seinem Werk *De incarnatione Verbi* (54,3) so aus: »Denn er (der Sohn

Gottes) wurde Mensch, damit wir vergöttlicht würden.« Diese Lehre wird von vielen anderen Kirchenvätern ebenso vertreten.

33: »*Und Gott sah an alles, was er gemacht hatte, und siehe, es war sehr gut*«: vgl. Gen 1,31.

Das Spiel der Masken

34: »*wahrer Mensch und wahrer Gott*«: Das Athanasische Glaubensbekenntnis sagt: »Wir glauben und bekennen, dass unser Herr Jesus Christus, der Sohn Gottes, zugleich Gott und Mensch ist. Gott ist er aus der Wesenheit des Vaters, vor den Zeiten gezeugt, und Mensch ist er aus der Wesenheit der Mutter, in der Zeit geboren. Vollkommener Gott, vollkommener Mensch, bestehend aus einer vernünftigen Seele und menschlichem Fleisch. Dem Vater gleich der Gottheit nach, geringer als der Vater der Menschheit nach.«

34: *Spiele Krishnas mit den Gopis*: vgl. die Anmerkung zu Seite 25; *Arjuna* ist Krishnas Dialogpartner in der Bhagavad-Gîtâ.

34: »*sich mit den Fröhlichen freuen und mit den Weinenden weinen*«: vgl. Röm 12,15.

37: *Diogenes* von Sinope (um 410 v. Chr. bis um 323 v. Chr.) war ein antiker griechischer Philosoph, der zu den Kynikern gerechnet wird und dessen einfaches, armes Leben auf seine Umgebung als Provokation gewirkt hat; *Omar Khayyâm* (1048–1131) war ein persischer Astronom, Mathematiker und Dichter, dessen *Rubaiyat* (»Vierzeiler«) ein mystisches Verständnis Gottes hinter einem Schleier von scheinbarer Skepsis und Hedonismus verbergen; *Hodscha Nasreddin* ist ein im

ganzen islamischen Bereich bekannter Protagonist humor-
voller Geschichten; *Till Eulenspiegel*, der im 14. Jahrhundert
gelebt haben soll, war die Hauptfigur einer Sammlung von
Schwänken, die erstmals im 15. Jahrhundert veröffentlicht
wurden.

37: In der mystischen Theologie des Christentums versteht
man unter *sinnlichen Tröstungen* Gefühle der Andacht und der
Inbrunst bei der Betrachtung der Güte Gottes; an dieser Stelle
verwendet der Verfasser den Ausdruck in ironischem Sinne.

38: *dass für tief mit Gott vereinigte Seelen jedes Essen eine
sakramentale Tragweite hat*: Die Stelle ist für *Meister Eckhart*
(vgl. die Anmerkung zu Seite 13) nicht nachweisbar. Im
Cherubinischen Wandersmann des von Eckhart beeinflussten
Dichters Angelus Silesius (1624–1677) gibt es aber den Spruch:
»Wenn du vergottet bist, so isst und trinkst du Gott, / Und dies
ist ewig wahr, in jedem Bissen Brot« (II,120).

38: *Abu al-Qasim al-Junayd* (830–910) war ein früher
Sufimeister, der vor allem in Bagdad gewirkt hat.

38: *Hochzeit zu Kana*: vgl. Joh 2,1–11.

38: Die *Gîtagovinda* ist ein aus dem 12. Jahrhundert
stammendes Gedicht, in dem die Liebe zwischen Krishna als
Govinda, seiner Gattin Râdhâ und den Gopis besungen wird.

38: »*Reisigbündel gibt und Reisigbündel*«: vgl. *Der Arzt wider
Willen*, I,5.

39: »*du bist schön, ganz wunderschön, meine Freundin, und
kein Makel ist an dir*«: vgl. Hld 4,7.

40: *Jalâluddîn Rûmî* (1207–1273) war ein Sufi, Dichter und Gründer des Sufiordens der Mevlevi.

42: »*Der Gerechte sündigt siebenmal am Tag*«: vgl. Spr 24,16.

42: »*meiner Sünden ... mehr sind als Haare auf meinem Haupt*«: vgl. Ps 40,13.

42: »*Was nennst du mich gut?*«: vgl. Mk 10,18.

Ex nihilo, in Deo

49: »*Niemand ist gut als der eine Gott*«: vgl. Mk 10,18.

50: »*Unser Vater im Himmel*«: vgl. Mt 6,9.

50: »*Gott ist Mensch geworden, auf dass der Mensch Gott werde*«: vgl. die Anmerkung zu Seite 32.

50: Der »*unbewegte Beweger*« ist der klassische Ausdruck von Aristoteles (384–322 v. Chr.) für die selbst nicht verursachte, alles andere verursachende Gottheit (Metaphysik, 1072b).

50: »*geschaffen nach dem Bilde Gottes*«: vgl. Gen 1,26.

51: *die um Krishna herum tanzenden und sich mit ihm vereinigenden Gopis*: vgl. die Anmerkung zu Seite 25.

Angesichts der Bedingtheit

54: »*Die Schönheit ist der Glanz des Wahren*«: vgl. die Anmerkung zu Seite 15.

58: *ptolemäische Astronomie*: Claudius Ptolemäus (um 100 bis um 160) war ein Astronom, Geograph und Mathematiker, nach dem das ptolemäische Weltbild benannt ist, demzufolge die Erde in der Mitte des Alls liegt.

62: *»Je mehr er schmäht, umso kräftiger lobt er Gott«*: Dieser Ausspruch findet sich im Johannes-Kommentar (n. 494) von Meister Eckhart (vgl. die Anmerkung zu Seite 13).

62: Der französische Mathematiker, Naturwissenschaftler und Philosoph *René Descartes* (1596–1650) wird, weil er sich als einer der Ersten dem Aristotelismus entgegenstellte, »Vater der modernen Philosophie« genannt. Seine philosophische Methode gründet auf dem systematischen Zweifel an allem außer seiner eigenen Denktätigkeit. Von ihm stammt der Satz: *cogito ergo sum* (»Ich denke, also bin ich«).

62: *Thomas von Aquin* (um 1225 bis 1274) gilt als einer der bedeutendsten Philosophen und Theologen der katholischen Kirche; er wird als Heiliger und als Kirchenlehrer verehrt und trägt den Ehrennamen *Doctor angelicus* (der »engelgleiche Lehrer«).

64: *»Reich Gottes, das inwendig in euch ist«*: vgl. Lk 17,21.

Auf den Spuren der Ursünde

67: *»unbefleckten Empfängnis«*: Nach der Lehre der katholischen Kirche wurde Maria von jedem Makel der Ursünde bewahrt.

67: *»Reich Gottes inwendig in euch«*: vgl. Lk 17,21.

67: *Shankara* (auch: Shankarâchârya) (788–820) war der herausragende Meister des *Advaita Vedânta*, den der Autor für den größten aller hinduistischen Metaphysiker hielt.

67: *»sich mit den Fröhlichen freut und mit den Weinenden weint«*: vgl. Röm 12,15.

67: *der etwas Gutes tun kann und es nicht tut*: vgl. Jak 4,17.

68: *»den Herrn, deinen Gott, zu lieben von ganzem Herzen, von ganzer Seele und mit all deinem Denken«*: vgl. Mt 22,37.

68: *»Weil du aber lau bist und weder warm noch kalt, werde ich dich ausspeien aus meinem Munde«*: vgl. Apk 3,16.

70: *»unseres Vaters im Himmel«*: vgl. Mt 6,9.

70: *Turmes von Babel, ebenso wie die Titanen, Prometheus und Ikarus*: vgl. die Anmerkung zu Seite 27; *Prometheus* war im griechischen Mythos ein Abkömmling der Titanen. Da er gegen den Willen des Zeus den Menschen das Feuer brachte, wurde er an einen Felsen im Kaukasus geschmiedet, wo ihm ein Adler die immer wieder nachwachsende Leber aushackte, bis ihn Herakles befreite.

70: *gibt er allen Geschöpfen ihre Namen, und aus diesem Grunde müssen die Engel sich vor ihm niederwerfen*: vgl. Sure »Die Kuh« [2],30–34.

71: *die Natur und das Schicksal des Patriarchen Henoch*: vgl. Gen 5,18–24; Heb 11,5.

71: *aliquid est in anima quod est increatum et increabile ... et hoc est Intellectus*: vgl. die Anmerkung zu Seite 13.

Von der Absicht

72: Blaise *Pascal* (1623–1662) war ein französischer Mathematiker, Physiker und christlicher Philosoph; sein Werk *Pensées sur la religion et sur quelques autres sujets* (»Gedanken über die Religion und über einige andere Themen«) gehört zu den meistgelesenen Werken der europäischen Geistesgeschichte.

73: *»kein größeres Recht gibt als das der Wahrheit«*: vom Autor oft angeführter Ausspruch der Maharadschas von Benares.

74: *»an ihren Früchten sollt ihr sie erkennen«*: vgl. Mt 7,16.

74: *Fra Angelico* (zwischen 1386 und 1400 bis 1455) war ein Dominikanermönch und ein Maler der florentinischen Frührenaissance.

76: *»erkenne dich selbst«*: Inschrift auf dem Tempel von Delphi; in Worte gefasst von Thales, dann ausgelegt von Sokrates.

76: *»hasse dich selbst«*: vgl. Lk 14,26.

76: *gute Schächer aus dem Evangelium*: vgl. Lk 23,39.

76: Zum *heiligen Augustinus* vgl. die Anmerkung zu Seite 22.

77: *regnum Dei intra vos est,* »das Reich Gottes ist inwendig in euch«: vgl. Lk 17,21.

79: »*wie du getan hast, soll dir geschehen*«: vgl. Obadja 15.

79: Der heilige *Johannes vom Kreuz* war ein spanischer Priester und Mystiker. Zusammen mit Teresa von Ávila gründete er den Orden der Unbeschuhten Karmeliten.

80: »*Eure Perlen sollt ihr nicht vor die Säue werfen*«: vgl. Mt 7,6.

80: »*geschaffen nach dem Bilde Gottes*«: vgl. Gen 1,26.

82: »*Schlachtopfer und Speiseopfer gefallen dir nicht, aber die Ohren hast du mir aufgetan... dein Gesetz hab ich in meinem Herzen*«: vgl. Ps 40,7.9.

Bemerkungen zur wohltätigen Liebe

83: »*lass deine linke Hand nicht wissen, was die rechte tut*«: vgl. Mt 6,3.

Kein Tun ohne Wahrheit

86: René *Guénon* (1886–1951) war ein französischer Metaphysiker, auf den die Wiederbelebung der *Sophia perennis* im zwanzigsten Jahrhundert zurückgeht. Ananda K. *Coomaraswamy* (1877–1947) gehört zusammen mit René Guénon, Frithjof Schuon und Titus Burckhardt zu den führenden Vertretern der *Sophia perennis* im zwanzigsten Jahrhundert. Er war Kurator für indische und muslimische Kunst am *Museum of Fine Arts* in Boston und gilt als einer der ersten Interpreten der indischen Kultur im Westen.

90: »*Wenn der niedrigstehende Mensch vom Tao hört, …*«: vgl. Tao-te ching Nr. 41.

91: Swami *Vivekânanda* (1863–1902) war ein indischer geistiger Lehrer, der versucht hat, die indische Geistigkeit mit dem westlichen materialistischen Fortschrittsdenken zu verbinden, da er die Auffassung vertrat, dass sich beide Bereiche positiv ergänzten.

Sich des Wirklichen bewusst sein

93: Der hl. *Anselm* von Canterbury (1033–1109) verfasste in seinem *Proslogion* die bekannteste Darstellung des ontologischen Gottesbeweises, in dem er Gott als das bestimmte, »worüber hinaus nichts Größeres gedacht werden kann«. Zu dem auf ihn zurückgehenden Ausspruch *credo ut intelligam* vgl. das Glossar.

94: »*Selig sind, die nicht sehen und doch glauben*«: vgl. Joh 20,29.

94: *Gleichnis von der beharrlich bittenden Witwe und dem ungerechten Richter*: vgl. Lk 18,1–8.

94: »*betet ohne Unterlass*«: vgl. 1 Thess 5,16.

94: »*Lass die Toten ihre Toten begraben*«: vgl. Lk 9,60.

95: »*Und folgt mir nach!*«: vgl. Mt 4,19.

95: »*Reich Gottes inwendig in euch*«: vgl. Lk 17,21.

95: »*Wenn du aber betest, so geh in dein Kämmerlein und schließ die Tür zu und bete zu deinem Vater, der im Verborgenen ist…*«: vgl. Mt 6,6.

95: »*Wer die Hand an den Pflug legt und sieht zurück, der ist nicht geschickt für das Reich Gottes*«: vgl. Lk 9,62.

96: *seine Feinde zu lieben*: vgl. Mt 5,44.

96: *die linke Wange hinzuhalten*: vgl. Mt 5,39.

96: »*Schönheit der Glanz des Wahren*«: vgl. die Anmerkung zu Seite 73.

97: »*Gott zu lieben von ganzem Herzen, von ganzer Seele und mit all deinem Denken*«: vgl. Mt 22,37.

98: *Wer sich selbst ungerechtfertigt erhöht, wird erniedrigt werden…*: vgl. Mt 23,12.

Der befreiende Übergang

101: »*geschaffen ist nach dem Bilde Gottes*«: vgl. Gen 1,27.

Glossar

Abkürzungen: *ar.* = *arabisch; chin.* = *chinesisch; gr.* = *griechisch; hebr.* = *hebräisch; jap.* = *japanisch; lat.* = *lateinisch; skrt.* = *sanskritisch.*

ab extra (lat.), »von außen«.

ab intra (lat.), »von innen«.

Advaita-Vedânta (skrt.), »Nichtdualistische« Deutung des Vedânta, derzufolge die scheinbare Vielheit der Dinge nur eine Folge der Unwissenheit des Menschen ist; die einzige Wirklichkeit ist → Brahma, das Eine, das Unbedingte, das Unendliche, der unwandelbare Urgrund aller Erscheinungen.

Akzidens (lat.), das »Zufällige«, einem Gegenstand nicht notwendig Zukommende, unselbständig Seiende; Gegensatz zu → Substanz.

Ânanda (skrt.), »Glück, Seligkeit, Freude«; einer der drei wesentlichen Anblicke von → *Apara-Brahma*, zusammen mit → *Sat*,»Sein«, und → *Chit*,»Bewusstsein«.

anima (lat.), »Seele« als Lebensatem oder Lebenskraft des Leibes; → *corpus* und → *spiritus*.

Apara-Brahma (skrt.), das »nicht-höchste« oder »vorletzte« *Brahma*, auch → *Brahma saguna* genannt; in der Ausdrucksweise des Autors das »verhältnismäßig Unbedingte«.

Apokatastase, Apokatastasis (gr.), »Wiederherstellung, Neuordnung«; bei manchen christlichen Theologen, u. a. Klemens von Alexandrien, Origenes und Gregor von Nyssa, die Lehre, dass am Ende der Zeiten alle Dinge wiederhergestellt werden, insbesondere, dass alle Menschen erlöst werden (»Allerlösung«).

Âtmâ (skrt.), der unvergängliche Wesenskern der individuellen menschlichen Person; in der Sicht des → *Advaita-Vedânta* identisch mit → *Brahma* als dem eigentlichen Sein der Welt.

Avatâra (skrt.), der irdische »Abstieg«, die Fleischwerdung Gottes, insbesondere → Vishnus im Hinduismus.

Avidyâ (skrt.), Unkenntnis der Wahrheit; geistige Wahnvorstellung, fehlendes Bewusstsein von *Brahma*.

Barakah (ar.), »Segen, Gnade«; im Islam geistiger Einfluss oder Energie, die ursprünglich von Gott herrührt, aber oft heiligen Objekten und geistigen Personen zugesprochen wird.

Bhagavad-Gîtâ (skrt.), die bekannteste und wohl wichtigste heilige Schrift der Hindus; sie ist ein Teil des großen Epos → Mahâbhârata und besteht aus einem Gespräch zwischen dem Prinzen Arjuna und seinem Wagenlenker, dem → *Avatâra* → Krishna, über verschiedene Wege zu Gott.

Bhakti, Bhakti-Mârga (skrt.), der geistige »Pfad« (*Mârga*) der liebenden Hingabe (*Bhakti*) an einen persönlichen Gott; vgl. → *Jñâna* und → *Karma*.

Brahma, Brahman (skrt.), die höchste Wirklichkeit, das Unbedingte.

Brahmâ (skrt.), Gott als Schöpfer, die erste göttliche »Person« der → *Trimûrti*; zu unterscheiden von → *Brahma*, der höchsten Wirklichkeit.

Brahma saguna (skrt.), *Brahma*, »qualifiziert« durch Eigenschaften und Bestimmungen; Gott, insofern er vom Menschen erkannt werden kann; auch: → *Apara-Brahma*.

Buddhi (skrt.), der → makrokosmische → Intellekt, der kundgegebene »Geist Gottes«.

Chit (skrt.), »Bewusstsein«; einer der drei wesentlichen Anblicke von → *Apara-Brahma*, zusammen mit → *Sat*, »Sein« und → *Ânanda* »Glück, Seligkeit, Freude«.

corpus (lat.), »Leib«; → *anima* und → *spiritus*.

corruptio optimi pessima (lat.), »die Entartung des Besten ist die schlimmste«.

creatio ex nihilo (lat.), »Schöpfung aus dem Nichts«; die Lehre, dass Gott selbst die hinreichende, nichts anderes benötigende Ursache des Alls ist; oft gebraucht im Kontrast zu emanatistischen Kosmogenesen, nach denen die Welt aus Gott hervorgeht.

credo ut intelligam (lat.), »Ich glaube, damit ich erkenne«; Ausspruch von Anselm von Canterbury (1033–1109), der die Aufgabe des Verstandes darin sieht, den Glauben zu erhellen, nicht ihn zu begründen; → *intelligo ergo credo*.

Deva (skrt.), Gott oder Gottheit.

Dharma (skrt.), »Stütze«, »Gesetz«; im Hinduismus das zugrundeliegende »Gesetz« oder die »Ordnung« des Kosmos, wie sie sich in heiligen Riten und in Handlungen ausdrücken, die verschiedenen sozialen Verbindungen und menschlichen Berufen entsprechen; im Buddhismus die Praxis, die Verwirklichung der Wahrheit und die Lehre des Buddha.

Essenz (lat.), das Wesen, die innere Natur, im Gegensatz zu seiner → Form.

felix culpa (lat.), »Glückliche Schuld«: Auf Augustinus zurückgehender Gedanke, wonach der Sünder sich durch die Vergebung in einem glücklicheren Zustand befindet als vor der Sünde. Der ganze diesen Ausdruck enthaltende Satz, der im *Exsultet* der katholischen Osterliturgie gesungen wird, lautet: »*Felix culpa, quae talem ac tantum meruit habere Redemptorem.*« (»O glückliche Schuld, die einen so hehren und erhabenen Erlöser verdient hat.«).

Form (lat.), die Gestalt, das Äußere, wie etwas erscheint, im Gegensatz zu seiner → Essenz, seinem Wesen.

Gnosis (gr.), »Erkenntnis«; unmittelbare, über-rationale Erkenntnis des »Auges des Herzens«; → Intellekt, → *Jñâna*; zu unterscheiden vom Gnostizismus, einer zusammenfassenden Bezeichnung für mehrere spätantike religiöse dualistische Erlösungsbewegungen unterschiedlicher Herkunft, die vom frühen Christentum als häretisch bekämpft wurden.

Gnostiker (gr.), »Erkennender«; Anhänger der → Gnosis.

Gopîs (skrt.), Hirtenmädchen, die der Hinduüberlieferung zufolge mit → Krishna gespielt haben.

Govinda (skrt.), häufig für → *Krishna* verwendete Anrede.

grosso modo (lat.), »auf grobe Weise«, im Großen und Ganzen.

Hyliker (gr.), Menschen, die der Materie (*hýle*) verfallen und zur Erkenntnis Gottes unfähig sind; vgl. → Pneumatiker und → Psychiker.

immanent (lat.), »innewohnend, sinnlich erfahrbar, diesseitig«; bei Schuon in der Regel das Göttliche, das in den Dingen verborgen ist, das »Tiefinnerste«; Gegenbegriff zu → transzendent.

imago Dei (lat.), »Bild Gottes«; vgl. Gen 1,26.

Intellekt (lat.), »Geist«; überpersönlicher reiner Geist, Fähigkeit zu unmittelbarer Einsicht; nicht mit dem Verstand zu verwechseln; → *Buddhi*.

intelligo ergo credo (lat.), »Ich erkenne, also glaube ich«; → *credo ut intelligam*.

Îshvara (skrt.), »im Besitz von Macht«, somit Meister; Gott im Sinne eines persönlichen Wesens als Schöpfer und Herr; manifestiert in der → *Trimûrti* als → *Brahmâ*, → *Vishnu* und → *Shiva*.

Jîvanmukta (skrt.), ein »zu Lebzeiten Befreiter«; jemand, der bereits vor dem Tod den Zustand der geistigen Vollkommenheit oder der Verwirklichung des Selbst erreicht hat, im Gegensatz zum *Videhamukta*, der die Befreiung zum Zeitpunkt des Todes erlangt.

Jîvâtmâ (skrt.), die Einzelseele.

Jñâna, Jñâna-Mârga (skrt.), der geistige Weg (Mârga) der Erkenntnis (Jñâna) und der reingeistigen Schau; → *Bhakti-Mârga* und → *Karma-Mârga*.

Jñânin (skrt.), ein Anhänger des → Jñâna-Mârga; jemand, dessen Gottesbeziehung vornehmlich auf Weisheitserkenntnis und → Gnosis beruht.

Karma-Mârga, Karma-Yoga (skrt.), der geistige Weg (*Mârga*) der »Vereinigung« (*Yoga*), der auf rechtem »Tun«, auf rechter »Arbeit« (*Karma*) beruht; vgl. → *Bhakti-Mârga* und → *Jñâna-Mârga*.

kontingent (lat.), möglich, aber von seinem Wesen her nicht notwendig.

Kosmogonie (gr.), Lehre von der Entstehung der Welt.

Krishna (skrt.), die achte Verkörperung des Hindugottes → Vishnu.

Lîlâ (skrt.), »Spiel; das göttliche Spiel« in der Erscheinungswelt.

Mahâbhârata (skrt.), »die große Geschichte der Bhâratas«; indisches Epos, das zwischen 400 v. Chr. und 400 n. Chr. niedergeschrieben wurde.

Makrokosmos (gr.), das All, die Schöpfung; Gegenbegriff zu → Mikrokosmos.

Mâyâ (skrt.), »List, Täuschung«; im → *Advaita-Vedânta* das betörende Verschleiern → *Brahmas* in der Gestalt oder im Erscheinungsbild einer niedrigeren Wirklichkeitsstufe.

mea culpa (lat.), »meine Schuld«; im katholischen *Confiteor*, dem Sündenbekenntnis zu Beginn der hl. Messe, heißt es: *Confiteor … quia peccavi nimis cogitatione, verbo, opere et omissione: mea culpa, mea culpa, mea maxima culpa …*: »Ich bekenne …, dass ich Gutes unterlassen und Böses getan habe – ich habe gesündigt in Gedanken, Worten und Werken durch meine Schuld, durch meine Schuld, durch meine große Schuld.«

Metatron (hebr.), der größte Engel der jüdischen Mythologie.

Mikrokosmos (gr.), der Mensch als Abbild, Spiegel, Sinnbild und Mittelpunkt der Schöpfung (Kosmos), die dann als → *Makrokosmos* bezeichnet wird.

Paramâtmâ (skrt.), das höchste oder letzte göttliche Selbst; → *Âtmâ*, → *Brahma*.

philosophia perennis (gr.-lat.), »immerwährende Philosophie«, »immerwährende Weisheit«; → *sophia perennis* und → *religio perennis*.

pneuma (gr.), Geist; → *soma* und → *psyche*.

Pneumatiker (gr.), ein vom Geist Gottes angetriebener Mensch; → Hyliker und → Psychiker.

psyche (gr.), Seele; vgl. → *soma* und → *pneuma*.

Psychiker (gr.), ein Mensch, der zu Glauben und sittlicher Einsicht, aber nur bedingt zur Erkenntnis Gottes fähig ist; → Pneumatiker und → Hyliker.

quod absit (lat.), »was abwesend ist von, entgegengesetzt zu, unvereinbar mit«; ein von mittelalterlichen Scholastikern oft gebrauchter Ausdruck zum Abschluss eines »indirekten Beweises«: Eine Behauptung wird dadurch widerlegt, dass man aus der Annahme ihrer Gültigkeit logisch auf einen Satz schließt, der falsch oder mit allgemein anerkannten Grundsätzen unvereinbar ist.

religio perennis (lat.), »immerwährende Religion«; → *sophia perennis* und → *philosophia perennis*.

Rûh (ar.), »Geist«; im Sufitum der Geist Gottes oder auch der Geist des Menschen.

Samsâra (skrt.), »Wandern«; im Hinduismus und Buddhismus Seelenwanderung oder der Kreislauf von Geburt, Tod und Wiedergeburt; auch die Welt des scheinbaren Wandels und Wechsels.

Sat, (skrt.), »Sein«; einer der drei wesentlichen Anblicke von → *Apara-Brahma*, zusammen mit → *Ânanda*, »Glück, Seligkeit, Freude«, und → *Chit*, »Bewusstsein«.

Sat-Chit-Ânanda oder Sachchidânanda (skrt.): »Sein-Bewusstein-Seligkeit«; die drei wesentlichen Anblicke von → *Apara-Brahma*, das heißt Brahma, insofern es vom Menschen erfahren werden kann.

Shiva (skrt.), »der Gütige, Freundliche«; in der → *Trimûrti* ist er der Gott der Auflösung und Zerstörung.

soma (gr.), Körper; → *psyche* und → *pneuma*.

sophia (gr.), »Weisheit«; in der jüdischen und christlichen Überlieferung die Weisheit Gottes, oft als weiblich vorgestellt.

sophia perennis (gr.-lat.), »immerwährende Weisheit«; die ewige, nicht formgebundene Wahrheit im Herzen aller recht-gläubigen religiösen Überlieferungen; → *philosophia perennis* und → *religio perennis.*

spiritus (lat.), »Geist«; → *corpus* und → *anima.*

Substanz (lat.), das, was in sich und für sich selbst ist, das im Wechsel der Erscheinungen Beharrende, das Wesentliche, das im Gegensatz zu den Akzidenzien (→ Akzidens) unabhängig existiert.

Tao-te ching (chin.), »Das Buch vom Weg und seiner Kraft«; grundlegendes Werk des Taoismus, der Überlieferung nach dem Weisen Lao-Tse zugeschrieben.

Theophanie (gr.), Erscheinung Gottes in der Welt.

transzendent (lat.), alles übersteigend, der sinnlichen Er-fahrung nicht zugänglich, übernatürlich, »jenseitig«; Gegen-begriff zu → immanent.

Trimûrti (skrt.), »drei Formen«; in der Hinduüberlieferung ein Ausdruck für eine göttliche Dreiheit, insbesondere als →

Brahmâ, der Schöpfer, → *Vishnu*, der Erhalter und → *Shiva*, der Zerstörer.

Upanishaden (skrt.), von *upanishad*, »sich nahe zu jemandem niedersetzen«; esoterische Lehren, welche die unmittelbare Überlieferung vom Meister zum Schüler erfordern; im Hinduismus die heiligen Texte, die das Ende der → Veden bilden. Man nimmt an, dass sie zwischen 700 und 200 v. Chr. entstanden sind.

Upâya (skrt.), »Hilfsmittel, Methode, heilbringender Kunstgriff«; in der buddhistischen Überlieferung die Anpassung der geistigen Lehre an eine Form, die der Verständnisfähigkeit der Zuhörer entspricht.

Veda (skrt.), (Plural Veden), »Wissen«; im Hinduismus die Gesamtheit der heiligen Texte, die Grundlage der Lehre und Praxis sind.

Vedânta (skrt.), »Ende oder Höhepunkt der → Veden«; eine der Hauptschulen der traditionellen Hinduphilosophie; beruht teilweise auf den → Upanishaden.

vincit omnia veritas (lat.), »es siegt immer die Wahrheit«.

Vishnu (skrt.), »der Wirkende«; in der → *Trimûrti* der Erhalter.

Yoga (skrt.), »anjochen, Vereinigung«; in den indischen Überlieferungen Bezeichnung für jede meditative und asketische Technik mit dem Ziel, Leib und Seele in einen Zustand der Sammlung zu bringen.

Yogin (skrt.), jemand, der → *Yoga* übt; weibliche Form: *Yoginî*.

Index

Frithjof Schuon

Frithjof Schuon, 1907 als Sohn deutscher Eltern in Basel geboren, ist der führende Vertreter der *Philosophia perennis* im 20. Jahrhundert.

In seiner Jugend kam es in Basel anlässlich einer Darbietung afrikanischer Kultur zu einer Begegnung mit einem Marabut, die sein ganzes Leben prägen sollte. Im Laufe des Gesprächs zeichnete der ehrwürdige alte Mann einen Kreis mit Radien auf den Boden und erklärte: »Gott ist der Mittelpunkt; alle Wege führen zu ihm.« Bis in seine späten Lebensjahre hinein unternahm Schuon Reisen in den Nahen Osten, nach Indien und nach Nordamerika, wo er überlieferungstreue Kulturen erlebte und lebenslange Freundschaften mit führenden Vertretern aus allen Weltreligionen und dem nordamerikanischen Indianertum schloss.

Schuon war ein Philosoph in der Tradition von Platon, von Shankara und von Meister Eckhart, und er schrieb über zwei Dutzend Bücher über Religion, Metaphysik, heilige Kunst und den geistigen Weg. Über Schuons erstes Buch »Von der inneren Einheit der Religionen« schrieb der Nobelpreisträger T. S. Eliot: »Ich kenne kein beeindruckenderes Werk über den Vergleich östlicher und westlicher Religionen«, und der weltberühmte Religionswissenschaftler Huston Smith sagte von Schuon: »Der Mann ist ein lebendes Wunder; in Bezug auf die Religion ist er geistig sowohl in der Tiefe als auch in der Breite das Musterbeispiel unserer Zeit.« Schuons Bücher sind in mehr als ein Dutzend Sprachen übersetzt worden und genießen das Ansehen maßgeblicher Persönlichkeiten aus dem akademischen und religiösen Bereich.

Über seine Leistungen als Autor hinaus war Frithjof Schuon ein geistiger Meister für Suchende aus aller Welt. Er starb 1998.

FSC
www.fsc.org
MIX
Papier | Fördert
gute Waldnutzung
FSC® C083411

Zeitfracht Medien GmbH
Ferdinand-Jühlke-Straße 7
99095 Erfurt, Deutschland
produktsicherheit@kolibri360.de